सूरदास

(आलोचना)

सूरदास

नंदकिशोर नवल

राजकमल प्रकाशन

ISBN : 978-81-267-2395-9

मूल्य : ₹495

पहला संस्करण : 2013
दूसरी आवृत्ति : 2022
This book is printed on **Print on Demand** Technology : 2025

प्रकाशक : राजकमल प्रकाशन प्रा. लि.
1-बी, नेताजी सुभाष मार्ग, दरियागंज
नई दिल्ली-110 002

शाखाएँ : अशोक राजपथ, साइंस कॉलेज के सामने, पटना-800 006
पहली मंजिल, दरबारी बिल्डिंग, महात्मा गांधी मार्ग, प्रयागराज-211 001
1, अनमोल सोराबजी संतुक लेन, धोबी तलाव, मरीन लाइंस, मुम्बई-400 002

वेबसाइट : www.rajkamalprakashan.com
ई-मेल : info@rajkamalprakashan.com

SURDAS
Alochana by Nandkishore Nawal

अपूर्व के लिए

निवेदन

यहाँ इस पड़ताल में जाने की कतई जरूरत नहीं है कि ईसवी सन् के आरंभ के पूर्व ही वैदिक विष्णु और अवैदिक नारायण तथा वासुदेव कृष्ण ये तीनों देवता कैसे मिलकर एक हो गए । वैदिक विष्णु आर्य देवता थे, अवैदिक नारायण द्रविड़ मूल के देवता और वासुदेव कृष्ण वृष्णि नामक जनजाति के देवता । इस तरह विष्णु, नारायण तथा वासुदेव कृष्ण के समाहार से एक विशाल वैष्णवधर्म का जन्म हुआ, जिसमें भक्ति की भी स्वीकृति थी और जो गुप्त-काल में देश के उत्तर और दक्षिण एवं पूरब और पश्चिम में ही नहीं फैला, देश के बाहर के भारतीय सांस्कृतिक उपनिवेशों में भी पहुँचा । यह वस्तुतः ब्राह्मण धर्म में आए संकट को दूर करने के लिए जनजातीय देवताओं और उनके विश्वासों को, साथ-साथ जनजातियों को भी, वैदिक वर्ण-व्यवस्था में शामिल कर लेने का विराट् प्रयत्न था । नारायण भी कृषि-आधारित जन-जातीय देवता थे और जैसा कि कहा गया, वासुदेव कृष्ण तो वृष्णिजातीय देवता थे ही । आचार्य हजारीप्रसाद द्विवेदी ने ठीक लिखा है कि वासुदेव कृष्ण और गोपाल कृष्ण भी भिन्न-भिन्न देवता थे । यह सुपरिचित तथ्य है कि गोपाल कृष्ण उस जनजाति के देवता थे, जो आमीर नामक जनजाति थी और जो एक तरफ यायावर थी और दूसरी तरफ पशुचारी । ये दोनों भी कालांतर में एक दूसरे से अभिन्न हो गए । ज्ञातव्य है कि आमीरों में यायावर होने के कारण प्रचुर यौन स्वच्छंदता थी, जो हमें कृष्ण और गोपिकाओं की

प्रेम-क्रीड़ा में दिखलाई पड़ती है । श्रीमद्‌भगवद्‌गीता से लेकर श्रीमद्‌भागवत-पुराण तक उक्त विराट् प्रयत्न का ही अंग हैं । कहने की आवश्यकता नहीं कि कृष्ण-भक्ति के प्रचार में श्रीमद्‌भागवतपुराण का कितना बड़ा योगदान है । उक्त संक्षिप्त विवरण से इस बात की पुष्टि होती है कि वैष्णव धर्म शास्त्रीय धर्म की अपेक्षा लोकधर्म अधिक था । जैसा कि कुछ विद्वानों ने कहा है, वल्लभाचार्य के बहुत पहले हिंदी के लोकगीतों में इसका प्रवेश हो चुका था । आचार्य द्विवेदी के मत से इन्हीं गीतों का विकसित और परिष्कृत रूप सूरसागर में देखने को मिलता है ।

डा. रामविलास शर्मा भक्ति-आंदोलन को सामंत-विरोधी आंदोलन मानते हैं । लेकिन वैज्ञानिक दृष्टिसंपन्न इतिहासकार बिलकुल उलटी बात कहते हैं । महान् इतिहासकार डी.डी. कोसांबी का कहना है कि ऋग्वेद में इंद्र से कृष्ण की शत्रुता का जो आख्यान आया है, वह उस ऐतिहासिक संघर्ष का द्योतक है, जो प्राक्-आर्यों ने लुटेरे आर्यों से किया था । उनका यह वाक्य ध्यातव्य है कि 'सामंतवादी विचारधारा में भक्ति का स्थान परम महत्त्व का था, क्योंकि यह उसकी आधारभूत आवश्यकता थी ।' सामंतवाद के विरोध में आवाज उठी महाराष्ट्र में, दो दलों की ओर से, जो कृष्णोपासक थे, और मार्के की बात यह है कि दोनों दल आदिम अवशेषों के हिमायती थे । उनमें से पहला दल महानुभाव या मान्भाव नामक संप्रदाय था, जिसकी स्थापना बारहवीं शताब्दी में चक्रधर ने की थी और जिसमें जनजातीय सांप्रदायिक जीवन के आदर्श गृहीत हुए । दूसरे दल को आंदोलनात्मक रूप ज्ञानेश्वर ने दिया, जो वार्करी तीर्थयात्रियों में जोरों से फैला । ये तीर्थयात्री एक ऐसी प्रथा का पालन करते थे, जो जान पड़ता है कि मध्य पाषाणयुग में प्रचलित थी । ज्ञानेश्वर चूँकि एक सर्वधर्म-त्यागी साधु से उत्पन्न हुए थे, इसलिए ब्राह्मणों ने उन पर निषेधाज्ञा लगा रखी थी । उनके बूढ़े माँ-बाप ने गंगा में डूबकर जान दे दी और स्वयं ज्ञानेश्वर ने भी अपने अल्प जीवन में असाधारण यातना झेलने के बाद आलंदी में विधिपूर्वक प्राण छोड़ दिए । एकनाथ पैठण ब्राह्मण थे । अस्पृश्यता के अभद्रतम बंधनों को तोड़ फेंकने के लिए उन्होंने जबर्दस्त कोशिश की, बहुत ही कष्ट उठाया । इन संतों में सबसे महान् हुए तुकाराम ।

भयानक कष्ट और ब्राह्मणों की तिरस्कारपूर्ण घृणा झेलने के बाद अंततः उन्होंने जल-समाधि ले ली । "लेकिन यह सुधार और इसके लिए संघर्ष सामंतवाद के खिलाफ सुलक्षित रूप से कभी चलाया ही नहीं गया । अतः उसकी सफलता का मतलब ही था सामंती संरक्षण ।"

सूरदास ने अपने पदों में मुख्यतः दो नामों की छाप लगाई है— सूर या सूरदास आरैर सूरजदास । कुछ विद्वानों ने 'सूरजदास' को एक भिन्न कवि मानकर उस नाम की छापवाले पदों को सूरकृत मानने से इनकार किया है । लेकिन ज्ञातव्य है कि 'सूर' शब्द के दो अर्थ होते हैं— 'शूर' और 'सूर्य' । ऐसी स्थिति में सूरदास ने यदि कभी 'सूरजदास' नाम का भी प्रयोग किया है, तो उसे अस्वाभाविक नहीं कह सकते । इसके अलावा वे पद अपने लालित्य में भी हर तरह से सूरकृत ही प्रतीत होते हैं । सूरदास काव्य और संगीत में तो व्युत्पन्न थे ही, वे संस्कृतज्ञ भी थे । उनके अंधत्व को लेकर भी कई प्रकार से विचार किया गया है । विद्वानों का जो मत तर्कसंगत प्रतीत होता है, वह यह कि वृद्धावस्था में किसी महामारी में उनकी आँखें चली गई थीं । पहले एक आँख गई, फिर उसके बाद दूसरी आँख भी । आज नेत्रहीन व्यक्ति को 'सूरदास' कहते हैं, जिसका यह अर्थ लिया जाता है कि 'सूरदास' नेत्रहीन व्यक्ति का पर्याय है । सच्चाई यह है कि उस नेत्रहीन व्यक्ति को सम्मान देने के लिए उसे 'सूरदास' कहकर पुकारते हैं । कुछ विद्वानों ने सूरदास ने जहाँ कहीं अंधता या अंधत्व का जिक्र किया है, उसका प्रायः लाक्षणिक अर्थ न लेकर अभिधेयात्मक अर्थ लिया है और उसे स्वयं कवि पर लागू कर दिया है । सूरदास ने मानवीय क्रिया-कलापों का, कृष्ण की बाल-क्रीड़ा और प्रेम-क्रीड़ा का जितना सजीव और सूक्ष्म रूप में वर्णन किया है, वह किसी भी जन्मांध या बाल्यकाल में ही आँखें खो देनेवाले व्यक्ति के लिए असंभव है । कुछ विद्वानों का यह मत भी सही प्रतीत होता है कि सूरदास ने पूर्ण गार्हस्थ्य-जीवन बिताया था, लौकिक भोगों का प्रयत्क्ष अनुभव किया था और वैराग्य उन्हें बाद में उत्पन्न हुआ था । आचार्य द्विवेदी ने भी लिखा है कि 'ब्रज का लोकजीवन सूर के निपुण निरीक्षण का ही नहीं, स्वयं भोगे हुए सत्य का प्रत्यक्ष रूप है ।'

यह सच है कि गऊघाट पर जब सूर महाप्रभु वल्लभाचार्य से मिले,

तो वे वैराग्य उत्पन्न होने के बाद अपनी शिष्य-मंडली के साथ उसी स्थान पर रहते थे, जोकि आगरे और मथुरा के बीच यमुना-तट पर स्थित है । महाप्रभु ने उनसे कुछ सुनाने को कहा । उन्होंने उन्हें अपने विनय के दो पद सुनाए— 'हरि हौं सब पतितन कौ नायक' और 'प्रभु हौं सब पतितन को टीकौ' । ये पद सुनकर महाप्रभु ने उनसे यह प्रसिद्ध वाक्य कहा— 'सूर ह्वै कैं ऐसो घिघियात काहेकों है, कछू भगवत् लीला वर्णन करि ।' स्पष्ट है कि इस कथन में उन्होंने 'सूर' शब्द का प्रयोग 'शूर' के अर्थ में किया था, इसलिए इस शब्द के अर्थ-भेद को लेकर कोई विवाद व्यर्थ है । उन्होंने उन्हें भागवत के दशम स्कंध की अनुक्रमणिका सुनाई और उसकी स्वरचित सुबोधिनी टीका से परिचित कराया । तत्पश्चात् सूर ने उन्हें दो पद सुनाए— 'चकई री चलि चरनसरोवर जहाँ न प्रेम बियोग' और 'ब्रज भयौ महर के पूत जब यह बात सुनी' । ये पद सुनकर महाप्रभु प्रसन्न हुए और उन्हें गोवर्धन पर्वत पर स्थित श्रीनाथजी के भव्य मंदिर ले गए । वहाँ उन्होंने उन्हें कीर्तन-सेवा सौंपी । फिर वे कृष्ण का लीला-गान करने लगे । कहा जाता है कि महाप्रभु ने उन्हें सिर्फ कृष्ण की बाल-लीला के गान का ही आदेश दिया था, जैसे उन्हें आशंका हो कि पुष्टिमार्ग में प्रेम-लीला के गान से भक्ति के मार्ग में बाधा खड़ी हो सकती है । बाल-लीला के साथ प्रेम-लीला के गान का चलन उनके सुपुत्र विट्ठलनाथ के आदेश से हुआ । यहीं यह स्पष्ट कर देना जरूरी है कि गति मंद पड़ जाने पर भी वे जीवन के अंतिम काल तक विनय या भक्ति के पद रचते रहे ।

इन बातों से यह नहीं समझना चाहिए कि सूर ने अपने पदों में सिर्फ भागवत के दशम स्कंध का उल्था किया है । भागवत में कृष्ण की बाल-लीला और प्रेम-लीला दोनों का वर्णन बहुत संक्षेप में हुआ है, जबकि सूरसागर में उसका अनवधि विस्तार देखने को मिलता है । यह सब सूर की सर्जनात्मक कल्पना-शक्ति की देन है । इसी से उनके लीला-गान में अनेक भागवतेतर प्रसंग आए हैं । सूर की कल्पना-शक्ति का सबसे बड़ा प्रमाण उनके द्वारा रचित 'भ्रमरगीत' है । भागवत में तो उद्धव कृष्ण का संदेश लेकर ब्रज जाते हैं और गोपिकाओं को वह संदेश देते हैं, जिसे वे शिरोधार्य करती हैं । सूरदास

के समय में नाथपंथी योगी अपने देश में ही फैले हुए नहीं थे, बल्कि उनका आना-जाना कई अन्य देशों में भी था । इससे समाज में लोक-विमुखता और आत्मकेंद्रिकता फैल रही थी । सूर ने यह देखकर उद्धव को योगमार्गी निर्गुण साधक बना दिया और सरल ग्रामीण गोपियों द्वारा उनकी ऐसी गति बनाई कि वे अपने मत को छोड़ने को बाध्य ही नहीं हुए, बल्कि उनके प्रेम के रंग में रँगकर मथुरा लौटे । जो लोग सूरदास को लोक-विमुख मानते हैं, वे उनके इस वैचारिक संघर्ष को भी देखें ।

सूरदास का काल मोटे तौर पर पंद्रहवी-सोलहवीं शताब्दी है । श्रीनाथजी के मंदिर का अधिकारी जब कृष्णदास नियुक्त किए गए, तो वे वहाँ से हटकर अपने घर, फिर वहाँ से पारसौली नामक ग्राम में चले गए, जहाँ विट्ठलनाथजी की उपस्थिति में उनके प्राण छूटे ।

सूरदास महान् स्वाभिमानी कवि थे । उन्होंने निर्भीकतापूर्वक सदैव कवि के आत्म-सम्मान और आत्म-गौरव की रक्षा की । एक बार अकबर के दरबार में तानसेन ने उसे उनका एक पद सुनाया । अकबर उससे इतना प्रभावित हुआ कि उसने उसके रचयिता से मिलने की इच्छा प्रकट की और अगली बार जब वह मथुरा गया, तो उनसे मिला भी । उसने उनसे कहा कि 'सूरदासजी, कुछ पद सुनाओ ।' इस पर उन्होंने उसे भक्तिपूर्ण अपना यह पद सुनाया— 'मना रे तू करि माधव सों प्रीति' । उसके बाद उसने उन्हें प्रसन्न होकर अपना यश गाने को कहा । इस पर सूरदास ने उसे अपना यह दूसरा पद सुनाया— 'नाहिंन रह्यो मन में ठौर ।/नंद नंदन अछत कैसे आनिए उर और ।' अकबर इस बात से नाराज नहीं हुआ और उसने उनसे मनचाहा धन-द्रव्य लेने को कहा । इस पर सूर का उत्तर था— 'आज के बाद मुझे कभी फिर मत बुलाना और मुझसे मिलना भी नहीं ।' दूसरी घटना महाप्रभु से संबंधित है । उनकी मृत्यु के ठीक पूर्व अष्टछाप के कवि चतुर्भुजदास ने उनसे कहा कि आपने कभी आचार्यजी का यश-वर्णन नहीं किया । सूर ने ये शब्द कहे— "मैंने तो सब यश उन्हीं का वर्णन किया है । मैं उन्हें कृष्ण भगवान् से अलग नहीं देखता ।" फिर उन्होंने यह पद गाया— 'भरोसो दृढ़ इन चरणन केरो ।/श्रीबल्लभ नख चंद्र छटा बिन सब जग माँझि अँधेरो ।'

एक प्रश्न राधा को लेकर भी उठता है । जो मत प्रचलित है, वह यह कि वह गोपाल कृष्ण के साथ आभीर नामक जनजाति की प्रेम की देवी थी । भागवत में उसका स्पष्ट उल्लेख कहीं नहीं है, सिर्फ एक दो जगह एक ऐसी गोपिका का उल्लेख है, जो कृष्ण की प्रेयसी थी । डा. शशिभूषण दासगुप्ता का, जिन्होंने राधा की संकल्पना के विकास पर महत्त्वपूर्ण शोध- कार्य किया है, कहना है कि दक्षिण के प्राचीन वैष्णव आलवारों के गानों में भी कृष्ण की प्रियतमा एक प्रधान गोपी का उल्लेख मिलता है, लेकिन यहाँ भी 'राधा' का कोई स्पष्ट उल्लेख नहीं है । आलवार वैष्णवी आंडाल अर्थात् गोदा (716 ई.) की गाथाओं में कृष्ण की उक्त प्रेमिका बार-बार आती है, लेकिन वहाँ उसका नाम 'राधा' न होकर 'नाप्पिन्नाई' है । डा. दासगुप्ता के अनुसार राधा का प्रथम उल्लेख हाल की 'गाहासत्तसई' की एक गाथा में मिलता है । इस ग्रंथ में गाथाओं का संकलन हाल सातवाहन ने ईसा की पहली शताब्दी में कराया था, जो कि प्रतिष्ठानपुर के राजा थे । उक्त गाथा में राधा 'राधिका' के रूप में आई है । गाथा अत्यंत सुंदर है, जिसमें एक गोपी कहती है कि 'हे कृष्ण, तुम मुख-मारुत के द्वारा राधिका के मुख में लगी गोरज का अपनयन करके इन वल्लभियों तथा दूसरी सभी नारियों के गौरव का हरण कर रहे हो ।' इसकी हलकी छाया सूर के एक पद में भी देखने को मिलती है, यथा 'स्रमकन देखि पवन मुख ही कैं फूँकि झुरावत अंग ।' श्रमकण राधा के मुख पर हैं और कृष्ण उन्हें अपनी फूँक से सुखाते हैं । 'गाहासत्तसई' के बाद संस्कृत साहित्य में राधा का छिटपुट उल्लेख मिलने लगता है । बारहवीं सदी में आकर राधा के आधार पर पूर्ण विकसित काव्य जयदेव के गीतगोविंद द्वारा राधा का पूर्वोत्तर भारत में पूरा प्रचार हुआ । फिर यह काम चंडीदास, चैतन्य और विद्यापति ने किया । विद्यापति के पदों की अनुगूँज राजस्थान तक सुनाई पड़ी । इस तरह राधा पूरे देश में प्रेम की देवी और कृष्ण की प्रेमिका के रूप में फैल गई ।

हिंदी में सूर और तुलसी की श्रेष्ठता को लेकर विवाद होता रहा है । 'भ्रमरगीत सार' की भूमिका में आचार्य रामचंद्र शुक्ल ने सूर-काव्य का मार्मिक विश्लेषण किया है, लेकिन उनके सूर के पक्ष में निर्णयात्मक ढंग से

कुछ कहने के मार्ग में उनका लोकमंगल का प्रतिमान बाधा बन जाता रहा है । एक स्थल पर वे सूर के प्रति कितने कठोर हो उठे हैं, यह उन्हीं के शब्दों में देखने योग्य है । उद्धरण थोड़ा लंबा होते हुए भी पाठकों से क्षमा-याचना करते हुए मैं यहाँ दे रहा हूँ । वे सूर के प्रेम वर्णन के बारे में कहते हैं : "प्रेम भी घटनापूर्ण नहीं है । उसमें किसी प्रकार का प्रयत्न-विस्तार नहीं है जिसके भीतर नई-नई वस्तुओं और व्यापारों का सन्निवेश होता चलता है । लोक-संघर्ष से उत्पन्न विविध व्यापारों की योजना सूर का उद्देश्य नहीं है । उनकी रचना जीवन की अनेकरूपता की ओर नहीं गई है; बाल-क्रीड़ा, प्रेम के रंग-रहस्य और उसकी अतृप्त वासना तक ही रह गई है । जीवन की गंभीर समस्याओं से तटस्थ रहने के कारण उसमें वह वस्तु-गांभीर्य नहीं है जो गोस्वामीजी की रचनाओं में है । परिस्थिति की गंभीरता के अभाव से गोपियों के वियोग में भी वह गंभीरता नहीं दिखाई पड़ती जो सीता के वियोग में है । उनका वियोग खाली बैठे का काम-सा दिखाई पड़ता है । सीता अपने प्रिय से वियुक्त होकर कई सौ कोस दूर दूसरे द्वीप में राक्षसों के बीच पड़ी हुई थी । गोपियों के गोपाल केवल दो-चार कोस दूर के एक नगर में राजसुख भोग रहे थे । सूर का वियोग-वर्णन, वियोग-वर्णन के लिए ही है, परिस्थिति के अनुरोध से नहीं । कृष्ण गोपियों के साथ क्रीड़ा करते-करते किसी कुंज या झाड़ी में जा छिपते हैं; या यों कहिए कि थोड़ी देर के लिए अंतर्धान हो जाते हैं बस, गोपियाँ मूर्च्छित होकर गिर पड़ती हैं, उनकी आँखों से आँसुओं की धारा उमड़ चलती है । पूर्ण वियोग-दशा उन्हें आ घेरती है । यदि परिस्थिति का विचार करें, तो ऐसा विरह-वर्णन असंगत प्रतीत होगा ।" यही आचार्य शुक्ल आगे लिखते हैं कि "इस प्रेम को हम जीवनोत्सव के रूप में पाते हैं; सहसा उठ खड़े हुए तूफान या मानसिक विप्लव के रूप में नहीं, जिसमें अनेक प्रकार के प्रतिबंधों और विघ्न-बाधाओं को पार करने की लंबी-चौड़ी कथा खड़ी होती है । सूर के कृष्ण ओर गोपियाँ पक्षियों के समान स्वच्छंद हैं । वे लोक बंधनों से जकड़े हुए नहीं दिखाए गए हैं । जिस प्रकार स्वच्छंद समाज का स्वप्न अँगरेज कवि शेली देखा करते थे, उसी प्रकार का यह समाज सूर ने चित्रित किया ।" स्पष्टतः यह उक्ति पूर्णतः सकारात्मक है । इसे देखकर डा. नामवर

सिंह का यह कहना सत्य सिद्ध होता है कि आचार्य शुक्ल की शास्त्रज्ञता और रसज्ञता में एक द्वंद्व की स्थिति थी ।

जहाँ तक लोकमंगल के प्रतिमान की बात है, इसमें आनेवाले दोनों शब्द 'लोक' और 'मंगल' बहुत बड़े शब्द हैं, जिन्हें सिर्फ प्रयत्न या कर्म में घटाकर नहीं देखा जा सकता, खासकर तब, जब हम शब्द को भी 'कर्म' मानते हैं । 'लोक' और 'मंगल' आकाश की तरह व्यापक हैं, जिन्हें मुट्ठी में बंद नहीं किया जा सकता । कार्ल मार्क्स ने जब कहा था कि 'अकेलापन भी एक सामाजिक अवस्था है', तो उन्होंने समाज या लोक को अतिशय व्यापक रूप में ही लिया था । उनके कथन को कथित बुर्जुआ लेखकों में चित्रित भयावह अकेलापन पर लागू किया जाए, तो वह न केवल सामाजिक होगा, बल्कि समाज के लिए हितकारी भी । लोकमंगल के प्रतिमान से ही जुड़ा हुआ आचार्य शुक्ल का एक अन्य प्रतिमान है– आनंद की साधनावस्था का काव्य और आनंद की सिद्धावस्था का काव्य । इस संबंध में भी संक्षेप में इतना ही कहना है कि यह विभाजन बहुत सरलीकृत है, क्योंकि आनंद की साधनावस्था में भी सिद्धावस्था का आनंद छिपा होता है और आनंद की सिद्धावस्था भी साधनावस्था के आनंद से रहित नहीं होती । यहाँ आचार्य शुक्ल का यह कथन बलपूर्वक दुहराया जा सकता है कि 'सांप्रदायिक परिभाषाओं के चक्कर में साहित्यिक दृष्टि खो न देनी चाहिए ।' संप्रदाय सिर्फ धर्मशास्त्र में ही नहीं, काव्यशास्त्र में भी बने हैं, यह कहने की जरूरत नहीं होनी चाहिए । दरअसल तुलसी और सूर भारतीय संस्कृति के दो पक्ष हैं, एक दूसरे के शेषपूरक । राम और कृष्ण तथा सीता और राधा में से एक को अपनाकर और दूसरे को छोड़कर हम भारतीय संस्कृति को पूर्णता में ग्रहण नहीं कर सकते ।

तुलसी की प्रतिभा मूलतः प्रबंधात्मक थी, जबकि सूर की गीतात्मक । ऐसी स्थिति में आँख मूँदकर एक कवि की कसौटी पर दूसरे कवि के चढ़ाने से उसके साथ कभी न्याय संभव नहीं है । आधुनिक हिंदी कविता से ही उदाहरण लें, तो निराला की कसौटी पर न पंत को चढ़ाया जा सकता है, न मुक्तिबोध की कसौटी पर अज्ञेय को । इसी तरह शमशेर की कसौटी पर

नागार्जुन को चढ़ाया जाए, तो कभी उनका सही मूल्यांकन नहीं हो सकता । आगे बढ़ें तो रघुवीर सहाय की कविता की कसौटी दूसरी है और केदारनाथ सिंह की कविता की दूसरी । यहाँ रघुवीर सहाय जहाँ कवितात्मक कवि हैं, वहाँ केदारनाथ सिंह प्रगीतात्मक । मेरा तो यहाँ तक कहना है कि प्रत्येक कवि की ही नहीं, उसकी प्रत्येक कविता की कसौटी अलग होती है । बहुत ठोस उदाहरण लेना हो, तो निराला की 'राम की शक्ति-पूजा' और उनकी कविता 'कुकुरमुत्ता' को लिया जा सकता है, जिनके लिए अलग-अलग कसौटी दरकार होगी, जैसे 'गीतिका' के गीतों और 'नए पत्ते' की कविताओं के लिए । गीतिकाव्य को कविता के नीचे स्थान दिया जाता है, क्योंकि धारणा यह है कि कविता जहाँ समाजपरक होती है, वहाँ गीत आत्मपरक । इस प्रसंग में हमें जर्मन मार्क्सवादी आलोचक और सौंदर्यशास्त्री थियोडोर एडोर्नो की यह उक्ति ध्यान में रखनी चाहिए कि 'गीतिकाव्य इतिहास की 'दार्शनिक धूप घड़ी' है ।' साधारण घड़ियों से समय का ज्ञान उनके स्पष्ट अंकों या संकेतों से होता है, जबकि धूपघड़ी में छाया से समय का ज्ञान करना पड़ता है । इस छाया को पकड़ना थोड़ा मुश्किल है, यद्यपि आचार्य द्विवेदी ने अपनी पुस्तक में सूरदास के पदों में चित्रित समाज का संक्षिप्त विवरण दिया है, जिसे मैं दुहराना नहीं चाहता । बस एक बात याद रखनी चाहिए कि किसी कवि के लिए यह संभव नहीं है कि वह अपने देश और काल से बाहर कूद जाए । परिणामतः वह जिस रूप में लिखे, अपने देश-काल को ही लिखता है, बल्कि जिसे हम अलौकिक समझते हैं, वह भी मूलतः लौकिक ही होता है । उसे समझने के लिए तीक्ष्ण से तीक्ष्ण और सूक्ष्म से सूक्ष्म दृष्टि जरूर आवश्यक होगी ।

यह आश्चर्य की बात है कि अभी तक सूरसागर का कोई प्रामाणिक संस्करण उपलब्ध नहीं है । कुछ विद्वानों ने इस दिशा में प्रयास भी शुरू किया, लेकिन वे आधी दूरी तक ही पहुँचे थे कि दुर्भाग्यवश वे रुग्ण हो गए या वे मृत्यु के शिकार हो गए । अभी पुस्तकालयों में और बाजार में सूरसागर के जो संस्करण सुलभ हैं, वे दो प्रकार के हैं—द्वादशस्कंधी और संग्रहात्मक । अधिक विद्वानों का यह मत है कि सूरसागर का संग्रहात्मक संस्करण ही

मौलिक है और द्वादशस्कंधी संस्करण उन लोगों ने तैयार किया है, जो उसे भागवत की छाया सिद्ध करना चाहते हैं । कहा जाता है कि सूरदास ने करीब पाँच हजार पदों की रचना की थी । उनमें निश्चय ही दूसरे कवियों के पद अच्छी संख्या में मिले हुए हैं । फिर भी सूरसागर एक विशाल ग्रंथ है, जिसे मुझ–जैसा बलहीन प्राणी अपनी डोंगी से पार नहीं कर सकता । लेकिन तुलसी के बाद सूर–काव्य का आनंद उठाने से अपने को रोकना असंभव था, इसलिए मैंने मीठे जल के समुद्र से अपनी अँजुरियों में कुछ जल पीकर ही अपनी प्यास बुझाई है । यह कहने की आवश्यकता नहीं कि सूरदास का एकमात्र प्रामाणिक ग्रंथ सूरसागर ही है ।

सूर–काव्य का आस्वादन करते समय इच्छा हुई कि सूरदास का एक संचयन तैयार कर छोड़ दिया जाए, पर नई पीढ़ी को अपनी महान् विरासत से परिचित कराने के लिए मुझे उनके पदों पर यथासंभव आलोचनात्मक टिप्पणियाँ भी लिखनी पड़ीं । इतिहासकार वैष्णव भक्ति और कृष्ण एवं राधा के बारे में क्या कहते हैं इसका उल्लेख मैंने प्रसंगवश ही किया है, वरना साक्षात्कार मुझे सूरसागर का करना है, जो निःसंदेह पुराणों पर आधारित काव्य है । इतिहासकार के लिए पुराण सावधानी से जाँचे जानेवाले तथ्यों का स्रोत हो सकते हैं, लेकिन कवि का भरोसा अपनी कविता और उसके उत्कर्ष पर होता है, वह यथार्थ पर आधारित हो, या मिथक पर । सच पूछा जाए तो 'तुलसीदास' की तरह यह छोटी पुस्तक भी एक मुझ–जैसे तुच्छ काव्य–रसिक की मनःतृप्ति के लिए ही लिखी गई है । विद्वानों को इससे संतोष नहीं होगा, क्योंकि यह शोध और तथ्य–प्रधान न होकर आस्वादनपरक है, पर आस्वादनपरकता आलोचना की पहली शर्त ही नहीं है, यदि आस्वादनकर्ता सजग हुआ, तो उसका मूल्यांकन भी उसी में निहित होता है ।

आचार्य द्विवेदी ने लिखा है कि 'वैष्णव कवियों, विशेषकर भक्तों की कविता की आलोचना करना आग से खेलवाड़ करना है ।' क्यों ? इसलिए कि उसमें लौकिक रस बिलकुल विपर्यस्त हो जाते हैं । उदाहरणार्थ उसमें काम और प्रेम दो चीजें नहीं रह जाते । अलौकिकता की ओर उठी हुई लौकिकता भारतीय मन को अच्छी भी लगती है । इसी बात को मार्क्सवादी

आलोचक टेरी ईग्लटन ने अपने ढंग से इस रूप में कहा है कि व्यक्ति अपने अधूरेपन से छुटकारा पाने के लिए लोक से परे जाता है । हम अपने अनुभव से भी जानते हैं कि अपने व्यक्तित्व के विकास के लिए हमें कल्पना का अवकाश चाहिए, जो हमें धर्म और पुराण सुलभ कराते हैं । काफी पहले कुछ विद्वानों ने कविता को उनका प्रतिस्थानी बनने की बात कही थी, लेकिन धर्म की व्याप्ति को देखते हुए वह संभव न हुआ । जहाँ तक सूरदास की बात है, हमें डा. दासगुप्ता का यह कथन भी जान लेना चाहिए कि प्रधानतः राधा का विकास साहित्य का अवलंब करके ही हुआ है, धर्म का नहीं । "साहित्य-धारा के अंदर से क्रमशः विकसित राधा शनैः-शनैः अपनी विभिन्न कवि-निर्मित मानवी देह के परिमंडल में विचित्र रम्य धर्म-विश्वास और दार्शनिक तत्त्व का वर्ण-शाबल्य ग्रहण करने लगी और इसी के अंदर से प्रेम-धर्म की केंद्र-बिंदु राधा दिन-दिन 'कांताशिरोमणि' के रूप में परिपूर्णता प्राप्त करने लगी । चैतन्य-युग में ही 'कांताशिरोमणि' के रूप में राधा की पूर्ण परिणति हुई ।" ऐसी स्थिति में यदि सूरदास में भी कभी धर्म पर साहित्य हावी हो गया है, तो वह आश्चर्य की बात नहीं है ।

अब मैं सूरदास की निजता के संबंध में दो शब्द निवेदन करना चाहता हूँ । वे पूर्ण जीवन के कवि थे । स्वभावतः उन्होंने बाल्यावस्था, युवावस्था और वृद्धावस्था तीनों की कविताएँ लिखीं, यानी वात्सल्य, प्रेम और भक्ति की । वे इन तीनों के अप्रतिम गायक थे । इन्हीं में उन्होंने अपने संपूर्ण युग और परिवेश को समेटा है, जिसकी तरफ, जैसा कि कहा जा चुका है, आचार्य द्विवेदी ने कुछ इशारा किया है । मुझे यह देखकर आश्चर्य हुआ है कि सूरदास के प्रायः सारे सुंदर पद लोक-प्रचलित हैं । वे गाए जाते हैं और उद्धृत किए जाते हैं, जैसे तुलसीदास की उक्तियाँ, जो कि विशेषतः हिंदीभाषी जाति के रस-बोध की परिपक्वता का सूचक है । ऐसी स्थिति में उनके पदों को एक बार फिर से चिह्नित करने के अलावा मेरे पास और कोई उपाय नहीं था । इस पुस्तक में भी 'तुलसीदास' की तरह तीन ही लेख हैं— वात्सल्य, प्रेम और भक्ति ।

इस पुस्तक की रचना में भी मुझे डा. तरुण कुमार से बहुमूल्य

परामर्श मिलता रहा है और डा. योगेश ने दुर्लभ सूचनाओं के साथ मुझे दुर्लभ शोध–सामग्री सुलभ कराई है । इस कारण मैं इन दोनों का हृदय से आभारी हूँ । मेरे शोध–छात्र डा. पंडित विनयकुमार और तरुण समीक्षक अरुण नारायण ने पुस्तक का 'डिक्टेशन' लिया है । संजय शांडिल्य, राकेश रंजन और मनोज कुमार झा (हाजीपुर) ने भी कई प्रकार से मेरी सहायता की है । ये सभी मेरे धन्यवाद के पात्र हैं ।

पाठकों को यह पुस्तक सौंपते समय मैं किंचित् कृतकार्य अनुभव कर रहा हूँ । मुझे विश्वास है, इसे उनका आंशिक प्यार भी अवश्य मिलेगा ।

नंदकिशोर नवल

301, राजप्रिया अपार्टमेंट
बुद्धा कॉलोनी
पटना–800 001
6.5.2012

अनुक्रम

सत्य करि कहो मोरे हे वैष्णव कवि,
कोथा तुमि पेए छिले एइ प्रेमच्छवि?
कोथा तुमि शिखेछिले एइ प्रेम–गान
विरहतापित? हेरि काहार नयान
राधिकार अश्रु आँखे पड़े छिलो मने?
विजन वसंत राते मिलन–शयने
के तोमारे बेंधे छिल दुटि बाहु डोरे,
आपनार हृदयेर अगाध सागरे
रेखेछिल मग्न करि? एतो प्रेम–कथा
राधिकार चित्त दीर्ण तीव्र व्याकुलता
चुरि करि लइयाछ कार मुख, कार
आँखि हते?

रवींद्रनाथ

('सूरदासेर प्रार्थना')

वात्सल्य

अब यह बात प्राय: सर्वमान्य है कि बाल-वर्णन में संसार का कोई कवि सूरदास की समकक्षता नहीं कर सकता । इस वर्णन की विशेषता यह है कि इसमें कृष्ण की बाल-क्रीड़ा भी आती है और उनके प्रति विशेष रूप से यशोदा की संतान के प्रति कातर भावना भी । ये दोनों वस्तुत: सूर की गहन और व्यापक वात्सल्य-भावना की परिचायक हैं । दूसरी बात यह कि बाल-वर्णन के पदों में कृष्ण की बढ़ती हुई अवस्था के अनुसार उनकी क्रीड़ा का प्रकार भी बदलता है और उनका मनोभाव भी । इसके साथ ही यशोदा के मनोभाव में भी एक क्रमिक परिवर्तन देखने को मिलता है । सूरदास ने एक-एक प्रसंग पर अनेक पद कहे हैं, जिससे पता चलता है कि सूरसागर गीतों का विशाल संग्रह ही है, उसकी रचना गीति-प्रबंध के रूप में नहीं की गई है । लेकिन यह भी सच है कि कुल मिलाकर उसमें कृष्ण का लगभग संपूर्ण जीवन आ जाता है । भागवतपुराण में महाभारत के पात्रों और कुछ घटनाओं का तो उल्लेख मिलता है, लेकिन उसमें महाभारत-युद्ध का वर्णन नहीं है, जिसमें कृष्ण अर्जुन के सारथी बने थे और अपनी कूटनीतिक बुद्धि तथा अलौकिक शक्ति से पूरे युद्ध का संचालन कर पांडवों को कौरवों पर विजय दिलाई थी । सूरदास ने एक-दो पदों में महाभारत-युद्ध के एकाध प्रसंग का वर्णन जरूर किया है, जिसे हम उनकी भक्ति-भावना पर विचार करते समय देखेंगे, क्योंकि वे पद भक्ति-भाव से ही अनुरंजित हैं । सूरदास ने

बाल–वर्णन से संबंधित भी असंख्य पदों की रचना की है । उनमें से उनके कुछ सर्वोत्तम पद ही हम यहाँ उद्धृत कर सकेंगे । कभी–कभी उनके पदों में, जो साधारण कोटि के होते हैं, प्रायः कोई ऐसी उक्ति मिल जाती है, जो विद्युत्–द्युति की तरह कौंधती है और पूरे पद को जगमगा देती है । ऐसी उक्तियों को भी हम देखेंगे ।

कंस की कारा में कृष्ण का जन्म हो चुका है । उनकी अलौकिक रूप–प्रभा से देवकी और वसुदेव दोनों विस्मयाभिभूत हैं । देवकी वसुदेव से कहती हैं कि इस बच्चे को बचाने का कोई उपाय कीजिए । जैसे भी हो, इसे यहाँ से निकालकर अन्यत्र किसी के यहाँ रख आइए, क्योंकि कंस किसी भी तरह से विश्वसनीय नहीं है । वह इसे अवश्य मार डालेगा । इसी समय वे कहती हैं कि हम इतने बड़े भाग्यशाली नहीं हैं, जो नेत्र–पुटों से इस दर्शन–रस का पान करते रहें : 'नाहिं न इतनौ भाग जो यह रस नित लोचन पुट पीजै' । वसुदेव कृष्ण को लेकर गोकुल जाने पर विचार करते हैं, देवकी आशंका जताती हैं : भादों की अँधेरी अर्ध रात्रि है : 'गरजत मेघ महा डर लागत बीच बढ़ी जमुना जल कारी ।/तातैं यहै सोच जिय मोरैं क्यों, दुरिहै ससि बदन उज्यारी ।' मेघ गरज रहे हैं, जिससे मन में डर उपजता है, बीच में यमुना का काला जल उफना रहा है । इससे मेरे मन में भारी सोच है कि उस हालत में भी इस बालक के चंद्र–मुख का प्रकाश कैसे छिप सकेगा ? उद्धृत पंक्तियाँ कितनी दीप्तिपूर्ण हैं, पाठक लक्ष्य करेंगे । वसुदेव ने कृष्ण को गोकुल में अपने मित्र नंद के यहाँ पहुँचा दिया है । सुबह होते ही यह बात फैल जाती है कि महाराज के घर पुत्र जन्म हुआ है । गोपिकाएँ उस बच्चे को देखने के लिए टूट पड़ती हैं । एक गोपी कहती है : 'सोभा सिंधु न अंत रही री ।/नंद भवन भरि पूरि उमँगि चलि ब्रज की बीथिनि फिरत बही री,' अर्थात् आज शोभा के सागर की कोई सीमा न रही । वह शोभा नंद–भवन को पूर्ण रूप से भरती हुई अब ब्रज की गलियों में उमड़–घुमड़कर बहती फिर रही है ! दूसरी पंक्ति की सजीवता और दृश्यगम्यता किसी भी काव्य–रसिक का मन मोह लेगी ।

अब कृष्ण कुछ बड़े हो गए हैं । यशोदा उन्हें पालने पर लिटाकर उसे हिलाती और कुछ गाती हुई उन्हें सुलाने की चेष्टा करती हैं । एक प्रसिद्ध

पद में सूरदास ने इसका जो वर्णन किया है, वह बेमिसाल है—

जसोदा हरि पालनैं झुलावै ।
हलरावै दुलराइ मल्हावै जोइ सोइ कछु गावै ।।
मेरे लाल कौं आउ निंदरिया काहैं न आनि सुवावै ।
तू काहैं नहिं बेगहिं आवै तोकौं कान्ह बुलावै ।।
कबहुँ पलक हरि मूँदि लेत हैं कबहुँ अधर फरकावै ।
सोवत जानि मौन ह्वै कै रहि करि करि सैन बतावै ।।
इहिं अंतर अकुलाइ उठे हरि जसुमति मधुरैं गावै ।
जो सुख सूर अमर मुनि दुरलभ सो नँद भामिनि पावै ।।

वैसे तो यह पूरा पद सुंदर है, पर काव्योत्कर्ष पाँचवीं, छठी और सातवीं पंक्तियों में है, जिनमें कृष्ण कभी पलकें बंद कर लेते हैं, तो यशोदा समझती हैं कि वे सो गए और गाना बंद कर देती हैं तथा इशारे से दूसरों को बतलाती हैं कि वे सो गए हैं । इसी बीच कृष्ण अकुलाकर जग पड़ते हैं और वे फिर गाने लगती हैं ! आचार्य रामचंद्र शुक्ल ने लिखा है कि कृष्ण की बाल-क्रीड़ा पर जहाँ अलौकिकता का अत्यधिक आरोपण है, वहाँ वह क्षतिग्रस्त हुआ है । ऐसा ही पद है 'कर पग गहि अँगुठा मुख मेलत ।/प्रभु पौढ़े पालनैं अकेले हरखि हरखि अपनै रँग खेलत ।।' कृष्ण पालने पर सोए हुए हैं । अपने हाथों से अँगूठा पकड़कर उसे मुँह में डालते हुए वे हर्षित हो-होकर अकेले खेल रहे हैं । यहाँ तक वर्णन अत्यंत स्वाभाविक है । लेकिन जब कृष्ण के इस रूप को देखकर देवता घबड़ा उठते हैं कि प्रलय होनेवाला है, तो अलौकिकता में यह रूप दब जाता है । यही स्थिति निम्नलिखित पद की भी है, जिसमें दूर तक कृष्ण के प्रति यशोदा की यह अभिलाषा व्यक्त होती है कि वे कब कुछ और बड़े होंगे, पर अंतिम पंक्तियों में तृणावर्त नामक दैत्य द्वारा उनके उड़ा लिए जाने से यह वर्णन बाधित होता है । सिर्फ ऊपर की पंक्तियाँ देखें :

जसुमति मन अभिलाष करै ।
कब मेरो लाल घुटुरुवनि रेंगे कब धरनी पग द्वैक धरै ।।

कब द्वै दाँत दूध के देखौं कब तोतरैं मुख बचन झरै ।
कब नंदहिं बाबा कहि बोलै कब जननी कहि मोदहिं ररै ।।
कब मेरौ अँचरा गहि मोहन जोइ सोइ कहि मोसौं झगरै ।
कब धौं तनक तनक कछु खैहै अपने कर सों मुखहिं भरै ।।
कब हँसि बात कहैगो मोसौं जा छबि तैं दुख दूरि करै ।

इसमें 'ररै' शब्द आया है, जिसका संबंध 'रार करने' यानी झगड़ने से है । अंततः कृष्ण कुछ बड़े हुए, जिस पर सूरदास ने अपना यह अतिशय हृदयग्राही पद रचा :

सोभित कर नवनीत लिए ।
घुटुरुनि चलत रेनु तन मंडित मुख दधि लेप किए ।।
चारु कपोल लोल लोचन गोरोचन तिलक दिए ।
लट लटकनि मनु मत्त मधुप गन मादक मधुहिं पिए ।।
कठुला कंठ बज्र केहरि नख राजत रुचिर हिए ।
धन्य सूर एको पल इहिं सुख का सत कल्प जिए ।।

कहने की आवश्यकता नहीं कि इस पद से घुटने पर चलते हुए और धूलि से भरे हुए एक बच्चे का बहुत बोलता हुआ चित्र हमारे सामने आता है । एक पद में घुटनों पर चलते हुए कृष्ण नंद के आँगन में लगे चमकदार पत्थरों में अपना प्रतिबिंब देखकर उसे पकड़ने के लिए दौड़ते हैं : 'मुख प्रतिबिंब पकरिबै कारन हुलसि घुटुरुवनि धावत' । अब कृष्ण चलने लगे हैं :

कान्ह चलत पग द्वै द्वै धरनी ।
जो मन मै अभिलाष करति हों सो देखति नँद घरनी ।।
रुनुक झुनुक नूपुर पग बाजत धुनि अतिहीं मन हरनी ।
बैठि जात पुनि उठत तुरतहीं सो छबि जाइ न बरनी ।।
ब्रज जुवती सब देखि चकित भईं सुंदरता की सरनी ।
चिरजीवहु जसुदा को नंदन सूरदास कौं तरनी ।।

पद छोटा है और तुकें भी सरल हैं, लेकिन अंतिम दो पंक्तियों में (सुंदरता की सरणी और सूरदास की तरणी) में वह सरलता सौंदर्य की पराकाष्ठा को छूने लगती है । अंतिम तुक तो, जिसका अर्थ है 'सूरदास को भव-सागर से पार करानेवाली नौका', अपनी संक्षिप्तता में बेमिसाल है । लेकिन कृष्ण अभी समतल पर तो चल लेते हैं, देहरी लाँघने में अटक जाते हैं । गिर-गिर पड़ते हैं और फिर उठने में उन्हें बहुत श्रम पड़ता है । निम्नलिखित पंक्तियों में भी अंत में कृष्ण द्वारा साढ़े तीन पगों में संपूर्ण पृथ्वी को नाप लेने का हवाला आया है, पर वह अखड़ता नहीं, क्योंकि सब कुछ स्वाभाविक है और हमें तुलसीदास की इस चौपाई की याद दिलाता है : 'जासु नाम सुमिरत एक बारा ।/उतरहिं नर भव सिंधु अपारा ।।/सोइ कृपालु केवटहिं निहोरा ।/जेहि जगु किए तिहुँ पगहुँ तें थोरा ।।' सूर की पंक्तियाँ हैं :

भीतर तैं बाहर लौं आवत ।
घर आँगन अति चलत सुगम भए देहरी मैं अँटकावत ।।
गिरि गिरि परत जात नहिं उलँघी अति स्रम होत नघावत ।
अहुँठ पैग बसुधा सब कीनी धाम अवधि बिरमावत ।।

अंतिम पंक्ति का यह अर्थ है कि सारी पृथ्वी को तो उन्होंने साढे तीन पगों में नाप डाला, पर घर की सीमा पर रुक गए हैं !

अब कृष्ण निर्बाध गति से चलने लगे हैं । उनके पाँवों में पैंजनी है, जिससे चलने पर आवाज होती है । इससे उन्हें आनंद मिलता है और वे बार-बार चलते हुए अपने पाँवों को देखते हैं कि कैसे और कहाँ से आवाज आती है : 'चलत लाल पैंजनि के चाइ ।/पुनि पुनि होत नयौ नयौ आँनद पुनि पुनि निरखत पाइ ।।' यह दृश्य हमें रवींद्र शताब्दी पर निर्मित सत्यजित राय के रवींद्रनाथ पर बने वृत्तचित्र की याद दिलाता है । उसमें रवींद्रनाथ किशोर हैं और अपने पिता के साथ हिमालय की यात्रा पर गए हुए हैं । जब वे अकेले में पर्वत-श्रेणियों से गुजरते हैं, तो मुख से आवाज निकालते हैं– सा रे ग म प ध नि । इसकी प्रतिध्वनि उन तक लौटकर आती है, तब वे विस्मित होते हैं और बार-बार उसे दुहराते हैं, जिससे बार-बार उसकी प्रतिध्वनि सुनाई पड़ती

है । सत्यजित राय ने इसके द्वारा रवींद्रनाथ में प्रकृति में निहित विस्मयजनक सौंदर्य के प्रति अंकुरित होनेवाले प्रेम का संकेत किया है ।

'सिखवति चलन जसोदा मैया ।/आर बराइ कर पानि गहावत डगमगाइ धरनी धरे पैया ।।' अब यह दिलचस्प दृश्य देखिए :

आँगन स्याम नचावहीं जसुमति नँदरानी ।
तारी दै दै गावहीं मधुरी मृदु बानी ।।
पाइनि नूपुर बाजई कटि किंकिनि कूजै ।
नान्हीं एड़ियनि अरुनता फल बिंब न पूजै ।।
जसुमति गान सुनै स्रवन तब आपुन गावै ।
तारि बजावत देखई पुनि आपु बजावै ।।

इसमें और बातें तो हैं ही, यशोदा को ताली बजाते देखकर कृष्ण भी ताली बजाने लगते हैं । कैसा मोहक दृश्य है ! यह सही है कि सूरदास जब चाहते हैं, उपमाओं की झड़ी लगा देते हैं । यह उनकी कल्पनाशक्ति को प्रमाणित करता है, लेकिन दूसरी ओर वह पदों में अंकित क्रिया-व्यापार को नुकसान भी पहुँचाता है, क्योंकि ज्यादातर उन्होंने उपमाओं और दूसरे अलंकारों का प्रयोग कृष्ण और राधा के रूप-वर्णन में किया है । वह इस पद की अंतिम पंक्तियों में भी देखने को मिलता है । यशोदा मटकी में दही मथ रही हैं । यह पद बच्चे के हठ का चित्रण करता है, बावजूद इसके कि इस पर भी अलौकिकता आरोपित है, पर एक दृष्टि से सुंदर और प्रसिद्ध होने से मैं यह पूरा पद नीचे उद्धृत कर रहा हूँ । यह बहुत बड़ा भी नहीं है—

जब दधि मथनि टेक अरै ।
आरि करत मटुकी गहि मोहन बासुकि संभु ड़रै ।।
मंदर डरत सिंधु पुनि काँपत फिरि जनि मथन करै ।
प्रलय होइ जनि गहौ मथानी प्रभु मरजाद टरै ।।
सुर अरु असुर ठाढ़े सब चितवत नैननि नीर ढरै ।
सूरदास मन मुग्ध जसोदा मुख दधि बिंदु परै ।।

इसमें समुद्र-मंथन की देवताओं को होनेवाली आशंका को सूरदास पद की अंतिम पंक्ति से सँभाल लेते हैं । कहने की जरूरत नहीं कि अंतिम पंक्ति में यशोदा यह देखकर मुग्ध हो उठती हैं कि कृष्ण के साँवले मुख पर दही के सफेद छींटे पड़े हुए हैं ! यह एक पंक्ति, जो कि लौकिक है, प्रलय की आशंका-संबंधी अलौकिकता पर भारी पड़ती है ।

अब कृष्ण बोलने लगे हैं । अब वे यशोदा को 'मइया, मइया', नंद को उसी तरह 'बाबा, बाबा' और बलराम को 'भैया' कहने लगे हैं । स्वभावतः कृष्ण की इस बाढ़ से यशोदा बहुत हर्षित हैं और वे ऊँचे चढ़कर उनका नाम ले-लेकर उन्हें चेताती हैं कि दूर खेलने मत जाना, तुम्हें कोई गाय मार बैठेगी । कृष्ण के बोलने से यशोदा ही नहीं, पूरा ब्रज आनंदित है । पद है :

कहन लागे मोहन मैया मैया ।
नंद महर सौं बाबा बाबा अरु हलधर सौं भैया ।।
ऊँचे चढ़ि चढ़ि कहति यशोदा लै लै नाम कन्हैया ।
दूरि खेलन जनि जाहु लला रे मारैगी काहु कि गैया ।।
गोपी ग्वाल करत कौतूहल घर घर बजति बधैया ।
सूरदास प्रभु तुम्हरे दरस कौं चरननि की बलि जैया ।।

इसमें अंतिम तुक ऊपर की तुकों के मेल में ऐसे रूप में प्रयुक्त की गई है कि वह सृजनात्मक साहस रखनेवाला कवि ही कर सकता है । यह शब्द को तोड़ना-मरोड़ना नहीं, बल्कि उस पर भाव की सत्ता स्थापित करना है, उसे बाध्य करना कि वह भाव के आगे झुके, तनकर न रहे । यशोदा कृष्ण को यह कह-कहकर कि तुम कजरी गाय का दूध पीओगे, तो तुम्हारी वेणी बढ़ जाएगी, दूध पिलाती हैं । दूध पीते कुछ दिन हो गए, लेकिन वैसा कुछ नहीं हुआ । इस पर वे यशोदा से कहते हैं :

मैया कबहिं बढ़ैगी चोटी ।
किती बार मोहिं दूध पियत भई यह अजहूँ है छोटी ।।
तू जो कहति बल की बेनी ज्यौं ह्वै है लाँबी मोटी ।
काढ़त गुहत न्हवावत ओछत नागिनि सी भुईं लोटी ।।

काँचौ दूध पियावत पचि पचि देति न माखन रोटी ।
सूरज चिरजीवौ दोउ भैया हरि हलधर की जोटी ।।

इस पद का सौंदर्य अकूत है, जो 'नागिन-सी भुईं लोटी' में घनीभूत हो उठा है । कृष्ण यशोदा से शिकायत करते हैं कि तुम झूठ बोल-बोलकर बार-बार मुझे कच्चा दूध पिलाती हो और माखन-रोटी खाने को नहीं देती हो !

एक पद कृष्ण के नहाने से संबंधित है । बच्चे अक्सरहा नहाना नहीं चाहते और उनकी माँएँ उन्हें जबर्दस्ती पकड़कर नहलाती हैं । पद की अंतिम पंक्ति में यशोदा कहती हैं कि मैं इस चपल को किसी भी प्रकार हाथों से नहीं पकड़ पाती हूँ । पद छोटा है और इस प्रकार है—

मोहन आउ तुम्हैं अन्हवाऊँ ।
जमुना तें जल भरि लै आऊँ ततिहर तुरत चढाऊँ ।।
केसरि कौ उबटनौ बनाऊँ रचि रचि मैल छुड़ाऊँ ।
सूर कहै कर नैकु जसोदा कैसेहुँ पकरि न पाऊँ ।।

'ततिहर' शब्द का अर्थ है चूल्हा । उस पर पानी गर्म करके कृष्ण को नहलाने का मतलब है कि मौसम जाड़े का है, जिसमें नहलाए जाने से बच्चे बेछूट भागते हैं । अच्छी तरह मैल छुड़ाने का मतलब यह है कि कृष्ण कई दिनों से नहीं नहाए हैं । कृष्ण और चंद्रमा को लेकर सूर ने अनेक पद बनाए हैं, जिनमें से कम से कम दो-तीन पदों को देखना जरूरी है ।

उनमें से पहला पद है—

ठाढ़ी अजिर जसोदा अपनै हरिहिं लिए चंदा दिखरावत ।
रोवत कत बलि जाउँ तुम्हारी देखौं धौं भरि नैन जुड़ावत ।।
चितै रहै तब आपुन ससि तन अपने कर लै लै जु बतावत ।
मीठो लगत किधौं यह खाटव देखत अति सुंदर मन भावत ।।
मनहीं मन हरि बुद्धि करत हैं माता सौं कहि ताहि मँगावत ।
लागी भूख चंद मैं खैहों देहि देहि रिस करि बिरुझावत ।।

जसुमति कहति कहा मैं कीनौ रोवत मोहन अति दुख पावत ।
सूर स्याम कौं जसुमति बोधति गगन चिरैयाँ उड़त दिखावत ।।

यशोदा कृष्ण को आँख भर देखकर उन्हें शीतल करना चाहती हैं । तब वे स्वयं चंद्रमा की ओर देखने लगे और अपने हाथ उठा-उठाकर दिखलाने लगे । पूछते हैं, देखने में तो यह बहुत सुंदर है और मन को भाता है, किंतु खाने में इसका स्वाद मीठा है या खट्टा ? वे माँ से यह कहकर कि मुझे भूख लगी है, उसे खाने को माँगते हैं । चंद्रमा को माँगते हुए वे क्रोधपूर्वक उसकी रट लगाकर मचल पड़ते हैं । अब यशोदा को अफसोस होता है कि उन्होंने कृष्ण को चंद्रमा क्यों दिखा दिया, जिससे वे रोते हुए अत्यंत दुःखी हो रहे हैं । वे उनका ध्यान बँटाने के लिए उन्हें आकाश में उड़ती हुई चिड़ियाँ दिखाने लगती हैं । यह पद कितना सुंदर और स्वाभाविक है, बतलाने की जरूरत न होनी चाहिए । विद्वान् सूर के बाल-वर्णन में मनोविज्ञान को ले आते हैं और इस तरह अपने कथन को 'गंभीर' बनाते हैं, जबकि हमारा ध्यान केवल वर्णन या चित्रण की स्वाभाविकता पर होना चाहिए, वह स्वाभाविकता बाल-चेष्टाओं की हो या बाल-मनोभावों की ।

अब आप सूर का यह प्रसिद्ध पद देखें–

मैया मैं तौ चंद खिलौना लैहौं ।
जैहौं लोटि धरनि पर अबहीं तेरी गोद न ऐहौं ।।
सुरभी कौ पय पान न करिहौं बेनी सिर न गुहैहौं ।
ह्वैहौं पूत नंद बाबा कौ तेरौ सुत न कहैहौं ।।
आगैं आउ बात सुनि मेरी बलदेवहिं न जनैहौं ।
हँसि समुझावति कहति जसोमति नई दुलहनिया दैहौं ।।
तेरी सौं मेरी सुनि मैया अबहिं बियाहन जैहौं ।
सूरदास ह्वै कुटिल बराती गीत सुमंगल गैहौं ।।

स्पष्टतः यह पद पहले पद से भी अधिक सुंदर है । कृष्ण यह तो समझ गए हैं कि चंद्रमा कोई खाने की सुंदर वस्तु नहीं है, लेकिन अब उसे खिलौना

समझकर लेने की जिद कर रहे हैं । पद की अंतिम पंक्तियों में बच्चों से किया जानेवाला विनोद अपने उत्कर्ष पर पहुँचा हुआ है । यशोदा उन्हें अपने पास बुलाती हैं और उनसे कहती हैं कि तुम जिद मत करो, बिना बलदेव को जनाए मैं तुम्हारे लिए नई दुल्हन ला दूँगी । कृष्ण अब उनकी शपथ खाकर कहते हैं कि मैं इसी समय विवाह करने जाऊँगा । सूरदास ने अंतिम पंक्ति में जो मुद्रा अपनाई है, वह उनके पदों में शायद ही कभी देखने को मिलती है । कहते हैं कि उस बारात में चतुरतापूर्वक मैं मंगल-गान गाऊँगा ! पहले पद में और इस पद में भी ब्रजभाषा के 'हौं' की जगह खड़ी बोली का 'मैं' शब्द व्यवहृत हुआ है । यहाँ डा. रामविलास शर्मा का यह कथन तर्कसंगत प्रतीत होता है कि मध्य-काल में यातायात और व्यापार की वृद्धि के साथ जनपदीय अलगाव कम होने लगा था, जिससे एक भाषा में दूसरी भाषा के शब्द मिलने लगे थे ।

इस क्रम में यह अंतिम पद । यशोदा कृष्ण का हठ देखकर आँगन में जल से भरा हुआ बर्तन रखती हैं, जिसमें चंद्रमा का प्रतिबिंब दिखलाई पड़ता है । फिर वे उनसे कहती हैं, मोहन, जरा नीचे देखो । जिसके लिए तुम इतनी जिद कर रहे थे, वह चंद्रमा बर्तन में पड़ा है । मैंने यत्नपूर्वक इसे आकाश से लाकर इस बर्तन में रखा है । तुम अपने हाथ से चंद्रमा को निकाल लो और जो मन में आए, करो । मैंने एक पक्षी को भेजकर इसे आकाश-मंडल से पकड़ मँगवाया है । पद है—

लै लै मोहन चंदा लै ।
कमल नैन बलि जाउँ सुचित ह्वै नीचैं नैंकु चितै ।।
जा कारण तैं सुनि सुत सुंदर कीन्ही इती अरै ।
सोइ सुधाकर देखि कन्हैया भाजन माहिं परै ।।
नभ तैं निकट आनि राख्यौ ह्वै जल पुट जतन जुगै ।
लै अपने कर काढ़ि चंद कौं जो भावै सो करै ।।
गगन मंडल तैं गहि आन्यौ है पंछी एक पठै ।
सूरदास प्रभु इती बात कौं कत मेरौ लाल हठै ।।

कृष्ण जल में हाथ डालकर उस चंद्रमा को पकड़ना चाहते हैं, लेकिन वह पकड़ में नहीं आता । उन्हें बहलाते हुए यशोदा कहती हैं कि तुम्हारा सुंदर मुख देखकर वह अत्यधिक डर रहा है, इसलिए भागकर पाताल को चला गया है । यह बात सूर ने अगले पद में कही है ।

बच्चों की एक विशेषता यह भी है कि जब वे कुछ बड़े हो जाते हैं और बात समझने-बूझने लगते हैं, तो माँ, दादी और नानी से कहानियाँ सुनाने का आग्रह करते हैं । मैथिलीशरण की 'यशोधरा' का कालजयी प्रगीत 'माँ, कह एक कहानी' राहुल के अपनी माँ से कहानी सुनने के आग्रह पर ही रचा गया है । कृष्ण भी कुछ बड़े हो गए हैं और यशोदा उन्हें सुलाने के लिए एक कहानी सुनाती हैं । यह ज्ञातव्य है कि जो द्वेष शाक्तों और वैष्णवों तथा सनातन-पंथियों और आर्य-समाजियों के बीच रहा है, वह विभिन्न प्रकार के वैष्णव भक्तों के बीच नहीं । इसका ठोस प्रमाण यह है कि रामभक्त तुलसीदास ने 'कृष्णगीतावली' भी लिखी है और कृष्णभक्त सूरदास ने सूरसागर में रामचरित का भी गान किया है । यशोदा कृष्ण को राम-कथा ही सुनाती हैं, जिसमें दो बातें लक्ष्य करने योग्य हैं । एक तो यह कि यह कथा अत्यंत संक्षेप में और संपूर्णतः कही गई है और दूसरी यह कि इसके अंत में कृष्ण को अपने रामावतार की याद आ जाती है और वे आक्रोश में लक्ष्मण से अपने धनुष की माँग कर बैठते हैं, जिससे माँ आशंका से भर उठती हैं । इस तरह इस कथा का अंत बहुत उदात्त रूप में होता है । पूरा पद इस प्रकार है, जो स्वभावतः थोड़ा लंबा है, लेकिन उसे उद्धृत करना जरूरी है—

सुनि सुत एक कथा कहौं प्यारी ।
कमलनयन मन आनँद उपज्यो चतुर शिरोमणि देत हुँकारी ।।
नगर एक रमणीक अयोध्या बड़े महल जहँ अगम अटारी ।
बहुत गली पुर बीच बिराजत भाँति भाँति सब हाट बजारी ।।
तहाँ नृपति दशरथ रघुबंसी जाके नारि तीन सुखकारी ।
कौशल्या कैकेयी सुमित्रा तिनके जन्म भए सुत चारी ।।
चारि पुत्र राजा के प्रकटे तिनमैं एक राम ब्रतधारी ।
जनक धनुष ब्रत देखि जानकी त्रिभुवन के सब नृपति हँकारी ।।

राजपुत्र दोउ ऋषि लै आए सुनि ब्रत जनक तहाँ पग धारी ।
धनुष तोरि मुख मोरि नृपन को जनक सुता तिनकी बरनारी ।।
पग अँगुठा जब पीर नृपति के तब कैकेयी मुख मेलि निवारी ।
वचन माँगि नृप सौं तब लीनो रघुपति के अभिषेक सँवारी ।।
तात बचन सुनि तज्यो राज्य तिन भ्राता सहित घरनि बनचारी ।
उनके जात पिता तनु त्याग्यौ अति ब्याकुल करि जीव बिसारी ।।
चित्रकूट गए भरत मिलन जब पग पाँवरी दै करी कृपा री ।
युवती हेत कनक मृग मारी राजिवलोचन गर्व प्रहारी ।।
रावण हरण कर्‌यौ सीता को सुनि नँदनंदन नींद बिसारी ।
चाप चाप करि उठे सूर प्रभु लछिमन देहु जननि भ्रम भारी ।।

सूर के निम्नलिखित दो पद बहुत प्रसिद्ध हैं, जिनमें कृष्ण के बालसुलभ निंदा या शिकायत करने का तथा उनके क्षोभ और खीझ का बहुत स्वाभाविक वर्णन हुआ है :

1. मैया मोहिं दाऊ बहुत खिझायौ ।
मोसौं कहत मोल कौ लीन्हौ तू जसुमति कब जायौ ।।
कहा करौं इहि रिस के मारे खेलन हौं नहिं जात ।
पुनि पुनि कहत कौन है माता को है तेरौ तात ।।
गोरे नंद जसोदा गोरी तू कत स्याम सरीर ।
चुटकी दै दै हँसत ग्वाल सब सिखै देत बलवीर ।।
तू मोही कों मारन सीखी दाउहिं कबहुँ न खीझै ।
मोहन कौं मुख रिस समेत लखि जसुमति सुनि सुनि रीझै ।।
सुनहु कान्ह बलभद्र चबाई जनमत ही कौ धूत ।
सूर स्याम मोहिं गोधन की सौं हौं माता तू पूत ।।

2. खेलन अब मेरी जाइ बलैया ।
जबहिं मोहिं देखत लरिकनि सँग तबहिं खिझत बल भैया ।।
मोसौं कहत तात वसुदेव कौ देवकि तेरी मैया ।
मोल लियौ कछु दै करि तिनकौं करि करि जतन बढ़ैया ।।

अब बाबा कहि कहत नंद सौं जसुमति सौं कहै मैया ।
ऐसैं कहि सब मोहिं खिझावत तब उठि चल्यौ खिसैया ।।
पाछैं नंद सुनत हैं ठाढ़े हँसत हँसत उर लैया ।
सूर नंद बलरामहिं धिरयौ तब मन हरष कन्हैया ।।

पहले पद में आनेवाले 'चबाई' शब्द का अर्थ है 'निंदक' और 'धूत' शब्द का 'धूर्त' । एक रोज कृष्ण अपने सखाओं के साथ खेलते हुए बहुत दूर निकल जाते हैं, जिससे उन्हें लौटने में देर होती है । इससे यशोदा घबड़ा उठती हैं, पर उसके बाद ही जब कृष्ण आ जाते हैं, यशोदा उन्हें छाती से लगा लेती हैं और दूर जाने से मना करने के लिए उन्हें डराती हैं—

खेलन दूर जात कत कान्हा ।
आजु सुन्यौ बन हाऊ आयौ तुम नहिं जानत नान्हा ।।
इक लरिका अबहीं भजि आयौ रोवत देख्यौ ताहि ।
कान तोरि वह लेत सबनि के लरिका जानत जाहि ।।
चलहु बेगि सबारैं जैयै भाजि आपनैं धाम ।
सूर स्याम यह बात सुनतही बोलि लिए बलराम ।।

वे कहती हैं कि वन में एक 'हौवा' आया हुआ है, जो लड़कों के कान उखाड़ लेता है, इसलिए तुम तेजी से सबेरे ही घर भाग आया करना । अब एक पद कृष्ण के खेल से संबंधित, जिसमें यशोदा उनसे कहती हैं कि तुम सब मेरे सामने ही खेलो, जिससे कुछ मुझे भी आनंद मिले—

बोलि लेहु हलधर भैया कौं ।
मेरे आगैं खेल करौ कछु सुख दीजै मैया कौं ।।
मैं मूँदौं हरि आँखि तुम्हारी बालक रहैं लुकाई ।
हरषि स्याम सब सखा बुलाए खेलन आँखि मुँदाई ।।
हलधर कह्यौ आँख को मूँदै हरि कह्यौ मातु जसोदा ।
सूर स्याम लए जननि खिलावति हरष सहित मन मोदा ।।

अभी कृष्ण घर के बाहर ग्वाल-बालों के साथ खेल रहे हैं । खेल में वे हार गए और उनके सखा श्रीदामा जीत गए । इस पर वे क्रोधित हो उठे । श्रीदामा उनसे और बातें तो कहते ही हैं, यह भी कहते हैं कि खेल में जो रोष करे, उसके साथ कौन खेलेगा ? सभी खिलाड़ी इधर-उधर बैठ गए । अंत में श्रीकृष्ण को नंद बाबा की दुहाई देकर उन्हें दाँव देना पड़ा–

खेलत मैं को काकौ गुसैयाँ ।
हरि हारे जीते श्रीदामा बरबस हीं कत करत रिसैयाँ ।।
जाति पाँति हमतें बड़ नाहीं नाहीं बसत तुम्हारी छैयाँ ।
अति अधिकार जनावत यातैं जातैं अधिक तुम्हारें गैयाँ ।।
रूहठि करै तासौं को खेलै रहे बैठि जहँ तहँ सब ग्वैयाँ ।
सूरदास प्रभु खेल्यौइ चाहत दाउँ दियौ करि नंद दुहैयाँ ।।

एक दिन फिर कृष्ण देर से घर लौटे । यशोदा उनसे कहती हैं कि तुमने लौटने में कुबेर कर दी । तुम्हारा लड़कपन नहीं जाएगा । उन्होंने दौड़कर उन्हें गोद में ले लिया और उन्हें लेकर आँगन में ही सो गईं, जिसमें 'छिटकि रही आछी उजियरिया' । कहने की आवश्यकता नहीं कि यह अंश पूरे पद को ज्योत्स्ना-मंडित कर देता है–

आवहु कान्ह साँझ की बेरिया ।
गाइनि माँझ भए हौ ठाढ़े कहति जननि यह बड़ी कुबेरिया ।।
लरिकाई कहुँ नैंकु न छाँड़त सोइ रहौ सुथरी सेजरिया ।
आए हरि यह बात सुनतहीं धाइ लए जसुमति महतरिया ।।
लै पौढ़ी आँगन हीं सुत कौं छिटकि रही आछी उजियरिया ।
सूर स्याम कछु कहत कहत ही बस करि लीन्हे आइ निंदरिया ।।

बच्चे अक्सरहा मिट्टी खाते हैं । कृष्ण भी बचपन में यह काम करते थे । इसकी शिकायत उनके किसी सखा ने यशोदा से की । उन्हें सुनकर बहुत क्रोध आया । वे छड़ी लेकर कृष्ण की बाँह पकड़ लेती हैं और उनसे कहती

हैं कि तुम जल्दी मिट्टी उगलो, नहीं तो मैं तुम्हारी पिटाई करूँगी । कृष्ण ने उनसे कहा कि मेरे सखा तुम्हें झूठ बतलाते हैं । यशोदा को इस पर विश्वास नहीं हुआ और उन्होंने उन्हें मुँह खोलकर दिखलाने को कहा । वे जब मुँह खोलते हैं, तो उसमें यशोदा को अखिल ब्रह्माण्ड दिखलाई पड़ता है । उनके हाथ से छड़ी छूटकर गिर जाती है और वे उनकी बाँह छोड़कर उनसे कहती हैं : मेरे प्रभो, अपना मुख बंद कर लो, मैं तुम पर बलिहारी जाती हूँ । यह पद भी प्रसिद्ध है, इसलिए अपनी संपूर्णता में द्रष्टव्य है :

मो देखत जसुमति तेरो ढोटा अबहीं माटी खाई ।
यह सुनि कै रिस करि उठि धाई बाहँ पकरि लै आई ।।
इक कर सौं भुज गहि गाढ़ैं करि इक कर लीन्ही साँटी ।
मारति हौं तोहिं अबहिं कन्हैया बेगि न उगिलै माटी ।।
ब्रज लरिका सब तेरे आगैं झूठी कहत बनाइ ।
मेरे कहैं नहीं तू मानति दिखरावौं मुख बाइ ।।
अखिल ब्रह्मंड खंड की महिमा दिखराई मुख माँहि ।
सिंधु सुमेर नदी बन पर्वत चकित भई मन माँहि ।।
कर तैं साँटि गिरत नहिं जानी भुजा छाँड़ि अकुलानी ।
सूर कहै जसुमति मुख मूँदौ बलि गई सारँगपानी ।।

इस पद के अंत में उस पर कृष्ण की अलौकिकता हावी हो गई है, लेकिन उनका मिट्टी खाना, उनके किसी सखा का उनकी माँ से शिकायत करना, उनका क्रोध के मारे छड़ी लेकर उन्हें पीटने को तैयार होना, उनके इनकार करने पर उनका उनसे मुँह खोलकर दिखलाने की बात कहना यह सब वर्णन बाल-चरित का अत्यंत प्रकृत वर्णन है ।

बड़े लोग जब कोई अजूबा काम करते हैं, तो बच्चे बैठकर उसे बहुत गौर से देखते हैं और कभी आश्चर्यपूर्ण और कभी विरोधात्मक प्रतिक्रिया व्यक्त करते हैं । निम्नलिखित छोटे-से पद में नंद की पूजा करने और बाल-कृष्ण के उस पर टिप्पणी करने का बहुत दिलचस्प वर्णन है—

नंद करत पूजा हरि देखत ।
घंट बजाइ देव अन्हवायो दल चंदन लै भेंटत ।।
पट अंतर दै भोग लगायौ आरति करी बनाइ ।
कहत कान्ह बाबा तुम अरप्यौ देव नहीं कछु खाइ ।।
चितै रहे तब नंद महरि मुख सुनहु कान्ह की बात ।
सूर स्याम देवनि कर जोरहु कुसल रहै जिहिं गात ।।

कृष्ण जब वय:संधि की अवस्था में पहुँचे, तो उन्होंने कभी अकेले और कभी अपने साथियों के साथ ग्वालिनों के घर में घुसकर चोरी से दही और माखन खाना शुरू कर दिया । ऐसा जब उन्होंने अनेक घरों में किया, तो एक दिन एक नवयुवती ग्वालिन ने उन्हें पकड़ने की योजना बनाई । वह अपने घर में ओट हो गई और जब कृष्ण उसके घर में घुसे, तब अपने नूपुरों की ध्वनि बंद करके अचानक अपने घर का दरवाजा लगा दिया । कृष्ण पकड़े गए । लेकिन वे मामूली शरारती नहीं थे, सो ग्वालिनी की आँखों में चुल्लू भरकर दही झोंका और कूक मारते हुए भाग निकले—

जानि जु पाए हौं हरि नीकैं ।
चोरि चोरि दधि माखन मेरौ नित प्रति गीधि रहे हो छीकैं ।।
रोक्यौ भवन द्वार ब्रज सुंदरि नूपुर मूँदि अचानक ही कैं ।
अब कैसैं जैयतु अपनैं बल भाजन भाँजि दूध दधि पी कैं ।।
सूरदास प्रभु भलैं परे फँद देउ न जान भापते जी कैं ।
भरि गंडूष छिरक दै नैननि गिरिधर भाजि चले दै कीकैं ।।

कृष्ण की शरारतें जब हद को पार कर गईं, तो ग्वालिनें यशोदा के पास शिकायत लेकर पहुँचने लगीं । एक ग्वालिनी ने कहा : 'ऊखल ऊपर आनि पीठि (पीढ़ा) धरि तापर सखा चढ़ायौ ।।/जौ न पत्याहु चलौ सँग जसुमति देखौ नैन निहारि', लेकिन मातृसुलभ दुर्बलता के कारण उन्होंने उस शिकायत पर विश्वास नहीं किया और उलटे उस ग्वालिनी से कहा कि—

कहै जनि ग्वारिनि झूठी बात ।
कबहूँ नहिं मनमोहन मेरौ धेनु चरावत जात ।।
बोलत है बतियाँ तुतरौहीं चलि चरननि न सकात ।
कैसें करे माखन की चोरी कत चोरी दधि खात ।।
देहीं लाइ तिलक केसरि कौ जोबन मद इतरात ।
सूरज दोष देति गोबिंद कौं गुरु लोगनि न लजाति ।।

सुरदास ने एक पद में लिखा है कि कृष्ण जब ग्वालिनों के घर में घुसते थे, तो बड़े हो जाते थे और फिर जब अपने घर लौटते थे, तो छोटे हो जाते थे । ऐसी स्थिति में यशोदा के लिए उपर्युक्त शिकायत अविश्वसनीय हो, तो उसमें क्या आश्चर्य है ? लेकिन ये पौराणिक बाते हैं । सच्चाई यह है कि कृष्ण वय:संधि की अवस्था में पहुँच चुके थे, सो उनके भीतर काम-भावना का उद्रेक होने लगा था । ग्वालिनों वा गोपिकाओं की भी यही स्थिति थी । वे भी वय:संधि की अवस्था में ही थीं । चूँकि कृष्ण बहुत सुंदर थे, इसलिए वे उनकी आयु बढ़ने के साथ उन पर लट्टू होती गईं । शिकायत की बात अपनी जगह, असलियत यह है कि वे भी उनका संपर्क चाहती थीं । छोटा होना उनके वश में नहीं था, इसलिए यशोदा ने उचित ही उनसे कहा कि 'देहीं लाइ तिलक केसरि कौ जोबन मद इतरात ।/सूरज दोष देति गोविंद कौं गुरु लोगनि न लजाति ।।' इन पंक्तियों का अर्थ यह है कि तू अपने शरीर में केसर का तिलक लगाए यौवन-मद से इठला रही है और मेरे गोविंद पर दोषारोपण करती हुई अपने गुरुजनों से भी नहीं सकुचाती ! कृष्ण की काम-भावना का सौंदर्य निम्नलिखित पद में खूब निखरा है, जिसमें वे एक गोप-तरुणी को खड़े होकर दही मथते देखते हैं और भीतर से व्याकुल हो जाते हैं । इसके आरंभ में ही आनेवाले शब्द 'चाढ़ी' का अर्थ है 'प्रेमी' । पद इस प्रकार है–

देखी हरि मथति ग्वालि दधि ढाढ़ी ।
जोबन मदमाती इतराती बेनि ढुरति कटि लौं छबि बाढ़ी ।।
दिन थोरी भोरी अति गोरी देखत ही जु स्याम भए चाढ़ी ।
करषति है दुहुँ करनि मथानी सोभा रासि भुजा सुभ काढ़ी ।।

इत उत अंग मुरत झकझोरत अँगिया बनी कुचनि सौं माढ़ी ।
सूरदास प्रभु रीझि थकित भए मनहुँ काम साँचे भरि काढ़ी ।।

'अँगिया बनी कुचनि सौं माढ़ी' का अर्थ यह है कि उस गोपिका की चोली कुचों से चिपकी हुई थी । अगला पद भी इतना ही सुंदर है, जिससे मेरे इस कथन की पुष्टि होती है कि गोपिकाएँ भी उनका संपर्क चाहती थीं–

गए स्याम तिहिं ग्वालिनि कैं घर ।
देखी जाइ मथति दधि ढाढ़ी आपु लगे खेलन द्वारे पर ।।
फिरि चितई हरि दृष्टि गए परि बोलि लए हरुऐं सूनैं घर ।
लिए लगाइ कठिन कुचकैं बिच गाढ़ै चाँपि रही अपनैं कर ।।
उमँगि अंग अँगिया उर दरकी सुधि बिसरी तन की तिहिं औसर ।
तब भए स्याम बरस द्वादस के रिझै लई जुवती वा छबि पर ।।
मन हरि लियौ तनक से ह्वै गए देखि रही सिसु रूप मनोहर ।
माखन लै मुख धरित स्याम कैं सूरज प्रभु रतिपति नागर बर ।।

कृष्ण का चुराकर माखन खाना नहीं छूटता । ऊपर से यशोदा के पास गोपिकाओं का शिकायत करना भी जारी है । एक बार एक गोपिका ने शिकायत की, तो कृष्ण चतुराईपूर्वक इनकार कर गए । यह किसी भी बालक का स्वाभाविक रूप है । चंद्रधर शर्मा गुलेरी ने शिक्षा पर लिखे गए एक लेख में लिखा है कि वे एक पाठशाला के वार्षिकोत्सव में गए, तो वहाँ प्रधानाध्यापक ने अपने आठ वर्ष के पुत्र से शास्त्र–ज्ञान की अनेक बातें सुनवाकर लोगों को चमत्कृत कर दिया । तत्पश्चात् एक वृद्ध महाशय ने उसे आशीर्वाद देकर उससे पूछा कि तुम्हें इनाम में क्या चाहिए ? बालक के भीतर कुछ देर उसके कृत्रिम और स्वाभाविक रूपों में संघर्ष चलता रहा, जो उसके चेहरे और आँखों के बदलते रंगों से मालूम होता था । सहसा उस बालक ने सबको निराश करते हुए कहा– 'लड्डू' । यह उसका प्रकृत रूप था । गुलेरीजी लिखते हैं, 'वह 'लड्डू' की पुकार जीवित वृक्ष के हरे पत्तों का मधुर मर्मर था' । आप निम्नलिखित पद में पूरी चतुराई के साथ कृष्ण का यह

प्रकृत रूप देखिए । अकारण नहीं कि सूरदास का यह पद अतिशय लोकप्रिय है—

मैया मैं नहिं माखन खायौ ।
ख्याल परैं ये सखा सबै मिलि मेरैं मुख लपटायौ ।।
देखि तुही सींके पर भाजन ऊँचै धरि लटकायौ ।
तुही निरखि नान्हे कर अपनैं मैं कैसैं करि पायौ ।।
मुख दधि पोंछि बुद्धि इक कीन्हीं दोना पीठि दुरायौ ।
डारि साँटि मुसुकाइ जसोदा स्यामहिं कंठ लगायौ ।।
बाल बिनोद मोद मन मोह्यौ भक्ति प्रताप दिखायौ ।
सूरदास जसुमति कौ यह सुख सिव बिरंचि नहिं पायौ ।।

दूसरी पंक्ति में जो 'ख्याल परैं' शब्द आए हैं, उनका अर्थ है 'हँसी उड़ाने के लिए' । कृष्ण चतुराई से यह करते हैं कि मुँह में लगे हुए दही को पोंछकर दही के दोने को पीठ के पीछे छिपा लेते हैं । यशोदा ने यह मोहक दृश्य देखकर छड़ी रख दी और कृष्ण को अपने गले से लगा लिया ।

एक दिन एक गोपिका यशोदा के पास पहुँची और उनसे कहा कि तुम्हारा बालक कृष्ण बड़ा उत्पाती है । यह सब गुणों में प्रवीण है । देखो, इसने मेरी चोली और हार तोड़कर छीन लिया है । ('चोली अरु हार तोरि छोरि लियौ सगरौ') । एक दूसरी गोपी कृष्ण को पकड़े हुए उनके पास पहुँचती है और कहती है कि नंदरानी, तुमने पुत्र को अच्छी शिक्षा दी है । ब्रज की गलियों में, नगर के मार्गों में, घर-घर में, घाटों पर, कच्चे रास्तों में, सर्वत्र शोर मचाये हुए है । किसी के लड़कों को मारकर भाग जाता है, किसी के घर में तोड़-फोड़ करता है । मैं इसे किसी उपाय से पकड़ पाई हूँ । अब इसे बाँधकर रखो । इसने ऊधम मचाकर सारे गाँव को भगा दिया है—

नंद घरनि सुत भलौ पढ़ायौ ।
ब्रज बीथिनि पुर गलिनि घरै घर घाट बाट सब सोर मचायौ ।।
लरिकनि मारि भजत काहू के काहू कौ दधि दूध लुटायौ ।

काहू कै घर करत भँड़ाई मैं ज्यों त्यौं करि पकरन पायौ ।।
अब तौ इन्हैं जकरि धरि बाँधौं इहि सब तुम्हरौ गाउँ भजायौ ।

इस पद में प्रयुक्त 'भँड़ाई' का शब्दार्थ है 'तोड़-फोड़ करना' । इसी के बाद उन्हें ऊखल में बाँधने वाली घटना घटती है । यशोदा ने अतिशय क्रोध में रस्सी लेकर उन्हें ऊखल में बाँध दिया, जिसमें गोपियों ने भी योग दिया । लेकिन जब कृष्ण रोने लगे, तो वे द्रवित हो गईं और यशोदा को यह कहकर दोष देने लगीं कि थोड़े दही-माखन के लिए तुम्हें पुत्र को नहीं बाँधना चाहिए । उन्हें पश्चात्ताप भी होता है कि क्यों भोलेपन में कृष्ण को बँधवा दिया । अब आप यह प्रसिद्ध पद देखें—

बाँधौ आजु कौन तोहिं छोरै ।
बहुत लँगरई कीन्हौ मोसौं भुज गहि रजु ऊखल सौं जोरै ।।
जननी अति रिस जानि बँधायौ निरखि बदन लोचन जल ढोरै ।
यह सुनि ब्रज जुवती सब धाईं कहति कान्ह अब क्यौं नहिं छोरै ।।
ऊखल सौं गहि बाँधि जसोदा मारन कौ साँटी कर तोरै ।
साँटी देखि ग्वालि पछतानी बिकल भई जहँ तहँ मुख मोरै ।।
सुनहु महरि ऐसी न बूझिऐ सुत बाँधति माखन दधि थोरैं ।
सूर स्याम कौं बहुत सतायौ चूक परी हम तैं यह भोरैं ।।

'लंगरई' ब्रजभाषा का सुपरिचित शब्द है, जिसका अर्थ है 'ढिठाई' । उसके बाद जो हुआ, उसे सभी जानते हैं, लेकिन भागवत के अनुसार । भागवत में यशोदा के किसी कार्यवश कृष्ण के पास से हटते ही वे ऊखल को खींचते हुए घर से बाहर आ गए । बाहर यमलार्जुन के जुड़वाँ वृक्ष पास-पास खड़े थे । कृष्ण तो उनके बीच से निकल गए, लेकिन ऊखल अँटक गया । उसे निकालने के लिए उन्होंने हलके-से जोर लगाया, जिससे वे दोनों वृक्ष जड़ से उखड़ गए और उनकी जड़ों से कुबेर के पुत्र नलकूबर और मणिग्रीव प्रकट हो गए । वे शापवश वृक्ष हो गए थे, जिनका उद्धार कृष्ण के हाथों होना था । वे दोनों हाथ जोड़कर उनकी स्तुति करने लगे । सूरदास ने कृष्ण की अलौकिकता

दिखलाने के लिए सिर्फ यह कहा है कि उनके स्पर्श-मात्र से वे वृक्ष उत्पाटित हो गए । प्रमाणस्वरूप यह पद—

तबहिं स्याम इक बुद्धि उपाई ।
जुवती गई घरनि सब अपनैं गृह कारज जननी अटकाई ।।
आपु गए जमलार्जुन तरु तर परसत पात उठे झहराई ।
दिए गिराइ धरनि दोऊ तरु तब कुबेर सुत प्रगटे आई ।।
दोउ कर जोरि करत दोउ अस्तुति चारि भुजा तिन्ह प्रगट दिखाई ।
सूर धन्य ब्रज जनम लियौ हरि धरनी की आपदा नसाई ।।

ऊपर कहा गया है कि गोपिकाएँ कृष्ण पर जान देती थीं, उनकी अदाओं और उनके रूप-लावण्य के कारण । यशोदा कृष्ण को बैठकर खाना खिला रही हैं । यह बातचीत का अच्छा मौका होता है । मौका देखकर वे यशोदा से कहते हैं—

मोहि कहतिं जुवती सब चोर ।
खेलत कहूँ रहौं मैं बाहिर चितै रहतिं सब मेरी ओर ।।
बोलि लेतिं भीतर घर अपनैं मुख चूमति भरि लेतिं अँकोर ।
माखन हेरि देतिं अपनैं कर कछु कहि बिधि सौं करति निहोर ।।
जहाँ मोहिं देखतिं तहँ टेरतिं मैं नहिं जात दुहाई तोर ।
सूर स्याम हँसि कंठ लगायौ वै तरुनी कहँ बालक मोर ।।

जैसा कि सूरदास ने अंतिम पंक्ति में कहा है, कृष्ण से ये बातें सुनकर माता ने हँसते हुए उन्हें गले से लगा लिया और बोलीं— कहाँ यह मेरा बालक और कहाँ वे तरूणियाँ ! इसमें प्रयुक्त 'अँकोर' शब्द का अर्थ है 'आलिंगन' ।

दैत्यों के उत्पात से तंग आकर नंद ने सपरिवार ही नहीं, पूरे ब्रज के साथ ब्रज छोड़कर वृंदावन के लिए प्रस्थान किया, जो कि स्पष्टतः यमुना के तट पर स्थित एक जंगल था । आभीर जनजाति घुमंतू जनजाति थी ही, जिसका एकमात्र धन पशुधन था । उसी से उसका सारा जीवन चलता था ।

वृंदावन में चरी की सुविधा थी, सो सारे अहीर सहज भाव से अपने पशुओं के साथ नंद के साथ लग गए । वृंदावन में भी कृष्ण ने बहुत लीलाएँ कीं । सुबह माता द्वारा जगाए जाने के बाद वे जो बालसुलभ व्यवहार करते हैं, वह देखने योग्य है—

जागहु लाल ग्वाल सब टेरत ।
कबहुँ पितंबर डारि बदन पर कबहुँ उघारि जननि तन हेरत ।।
सोवत मैं जागत मनमोहन बात सुनत सबकी अवसेरत ।
बारंबार जगावति माता लोचन खोलि पलक पुनि गेरत ।।
पुनि कहि उठी जसोदा मैया उठहु कान्ह रवि किरनि उजेरत ।
सूर स्याम हँसि चितै मातु मुख पट कर लै पुनि पुनि मुख फेरत ।।

'अवसेर' का अर्थ है 'देर' और गेरना' का 'बंद करना' । अब एक और पद देखिए, जिसमें यशोदा कृष्ण को जगाते हुए कहती हैं कि तुमने शाम को कहा था कि सबेरे गायों को दुहोगे । उसमें अबेर हो रही है—

जागहु जागहु नंद कुमार ।
रवि बहु चढ़्यौ रैनि सब निघटी उचटे सकल किवार ।।
वारि वारि जल पियति जसोदा उठि मेरे प्रान अधार ।
घर घर गोपी दह्यौ बिलोवें कर कंकन झंकार ।।
साँझ दुहन तुम कह्यौ गाइ कौं तातैं होति अबार ।
सूरदास प्रभु उठे तुरत हीं लीला अगम अपार ।।

कहने की आवश्यकता नहीं कि इस पद की तीसरी पंक्ति में आनेवाले शब्द 'कर कंकन झंकार' पूरे पद को झंकृत कर देते हैं । वैसे गोपियों का कंकन-झंकार करते हुए दही बिलोना अपने आप में सुंदर दृश्य है ।

अब तक यशोदा छोटा समझकर कृष्ण को जंगल में गाय चराने के लिए नहीं भेजती थीं, लेकिन अब वे जिद करने लगे हैं कि मैं भी गाय चराने जाऊँगा । वे जो कुछ कहते हैं, उससे एक साधारण बालक का स्वाभाविक

रूप सामने खड़ा हो जाता है । वे और बातें तो कहते ही हैं, यह भी कहते हैं कि मुझसे शपथ करा लो, मैं यमुना में नहाऊँगा नहीं । पद है–

मैया हौं गाइ चरावन जैहौं ।
तू कहि महर नंद बाबा सौं बड़ौ भयौ न डरैहौं ।।
रैता पैता मना मनसुखा हलधर संगहि रैहौं ।
बंसीबट तर ग्वालनि कैं सँग खेलत अति सुख पैहौं ।।
ओदन भोजन दै दधि काँवरि भूख लगे तैं खैहौं ।
सूरदास है साखी जमुन जल सौंह देहु जु नहैहौं ।।

एक दिन कृष्ण को वृंदावन में गाय चराते–चराते जब शाम हो गई, तो उन्होंने अपने सखाओं से बहुत अक्ल की बात कही । कहा कि वन में ही रात कहीं न हो जाए, इसलिए हमलोगों को अब लौट चलना चाहिए । यह बात ग्वाल–बालों को बहुत पसंद आई और वे सभी गायों को हाँककर ब्रज की ओर चले । कृष्ण ने वंशी बजाते हुए मस्ती के साथ अपने गाँव में प्रवेश किया–

ब्रजहिं चलौ आई अब साँझ ।
सुरभी सबै लेहु आगैं करि रैनि होइ जनि बनहीं माँझ ।।
भली कही यह बात कन्हाई अतिहीं सघन अरन्य उजारि ।
गैया हाँकि चलाईं ब्रज कौं और ग्वाल सब लए पुकारि ।।
निकसि गए बन तैं जब बाहिर अति आनंद भए सब ग्वाल ।
सूरदास प्रभु मुरलि बजावत ब्रज आवत नटवर गोपाल ।।

अब यशोदा से कृष्ण की यह शिकायत देखिए, जिसमें वे उनसे कहते हैं कि मैं गाय चराने नहीं जाऊँगा, क्योंकि सभी ग्वाल–बाल मुझसे ही अपनी गाएँ हँकवाते हैं, जिससे मेरे पाँव दुखने लगते हैं । स्वभावतः इस पर यशोदा बिगड़ती हैं और ग्वाल–बालों को अपशब्द कहते हुए कहती हैं कि मैं अपने बच्चे को मन बहलाने के लिए भेजती हूँ और वे सब उसे दौड़ा मारते हैं–

मैया हौं न चरैहौं गाइ ।
सिगरे ग्वाल घिरावत मोसौं मेरै पाइ पिराइँ ।।

जौं न पत्याहि पूछि बलदाउहिं अपनी सौंह दिवाइ ।
यह सुनि माइ यशोदा ग्वालनि गारी देति रिसाइ ।।
मैं पठवति अपने लरिका कौ आवै मन बहराइ ।
सूर स्याम मेरौ अति बालक मारत ताहिं रिंगाइ ।।

कंस ने नंद से एक करोड़ कमलों की माँग की थी और कहा था कि यदि यह माँग पूरी नहीं हुई, तो मैं ब्रजभूमि को नष्ट कर दूँगा । वे कमल उस कालीदह में खिलते थे, जिसमें गरुड़ के डर से रमणक द्वीप से भागकर कालिय नाग रहता था । कंस ने जान-बूझकर यह योजना बनाई थी कि कृष्ण कमल लाने गए, तो कालिय अपने दंश से उन्हें मार डालेगा । बहाना यह बना कि अपने साथियों के साथ यमुना-तट पर गेंद खेलते हुए श्रीदामा की गेंद उन्होंने उन पर चलाई, तो वह यमुना में जा गिरी । श्रीदामा जिद करने लगे कि जैसे भी हो, कृष्ण उनकी गेंद लाकर दें । उसी के बाद कृष्ण एक कदंब के पेड़ पर तेजी से चढ़ गए और वहीं से यमुना में कूद पड़े । ब्रजभूमि में हड़कंप मच गया । सारे लोग दौड़े हुए यमुना-तट पर पहुँचे । गोपिकाएँ रो रही थीं और यशोदा यमुना में कूदने को तैयार थीं, जिससे उन्हें कृष्ण की अलौकिक शक्ति की याद दिलाकर रोका गया । इसके बाद ही कृष्ण ने कालिय- दमन किया और उसके फनों पर सवार वंशी बजाते हुए और नृत्य करते हुए बाहर निकले । यहाँ मतलब सिर्फ कृष्ण की कंदुक-क्रीड़ा से है, इसलिए तत्संबंधी पद ही उद्धृत है—

स्याम सखा कौं गेंद चलाई ।
श्रीदामा मुरि अंग बचायौ गेंद परी कालीदह जाई ।।
धाइ गही तब फेंट स्याम की देहु न मेरी गेंद मँगाई ।
और सखा जनि मोकौं जानौ मोसौं तुम जनि करौ ढिठाई ।।
जानि बूझि तुम गेंद गिराई अब दीन्है ही बनै कन्हाई ।
सूर सखा सब हँसत परसपर भली करी हरि गेंद गँवाई ।।

कालिय-दमन को विषय बनाकर लिखी गई दिनकर की अत्यंत सशक्त

कविता 'व्याल-विजय' इस प्रसंग में अवश्य पठनीय है ।

सूर ने कृष्ण की मुरली को विषय बनाकर असंख्य पद कहे हैं । ऐसे पद प्रेम-लीला के क्रम में भारी संख्या में देखने को मिलते हैं । हम मुरली से संबंधित सिर्फ दो पद देखेंगे, जिनमें से एक में मुरली-वादन का प्रभाव बतलाया गया है और दूसरे में उसके प्रति गोपिकाओं का तीव्र ईर्ष्या-भाव प्रकट हुआ है—

1. जब हरि मुरली अधर धरत ।
थिर चर चर थिर पवन थकित रहैं जमुना जल न बहत ।।
खग मोहैं मृग जूथ भुलाहीं निरखि मदन छबि छरत ।
पसु मोहैं सुरभी बिथकित तृन दंतनि टेकि रहत ।।
सुक सनदादि सकल मुनि मोहैं ध्यान न तनक गहत ।
सूरजदास भाग हैं तिनके जे या सुखहिं लहत ।।

2. मुरली तऊ गुपालहिं भावति ।
सुनि री सखी जदपि नँदलालहिं नाना भाँति नचावति ।।
राखति एक पाइ ठाढ़ौ करि अति अधिकार जनावति ।
कोमल तन आज्ञा करवावति कटि टेढ़ी ह्वै आवति ।।
अति आधीन सुजान कनौड़े गिरिधर नार नवावति ।
आपुन पौढ़ि अधर सेज्जा पर कर पल्लव सन पद पलुटावति ।।
भृकुटी कुटिल नैन नासा पुट हम पर कोप करावति ।
सूर प्रसन्न जानि एकौ छिन धर तैं सीस डुलावति ।।

पहले पद में आनेवाली 'थिर चर चर थिर पवन थकित रहैं जमुना जल न बहत' और 'पसु मोहैं सुरभी बिथकित तृन दंतनि टेकि रहत' पंक्तियाँ सूर की सृजनशीलता का उत्कर्ष हैं । उसमें प्रयुक्त 'छरत' शब्द का अर्थ है 'छलनेवाला' । दूसरे पद में आनेवाले 'कनौड़े' और 'नार' शब्द का अर्थ है क्रमशः 'दास' और 'गर्दन' ।

यशोदा की वात्सल्य-भावना का स्रोत आगे दो बार जोरों से फूटता

है, कभी किंचित् आक्रामकता के साथ और कभी अतिशय कातरता के साथ । कृष्ण और बलराम कंस के बुलावे पर उसके दूत अक्रूर के साथ मथुरा जा चुके हैं । पीछे-पीछे नंद और ब्रज के अनेक ग्वाल-बाल भी गए थे । नंद जब कृष्ण और बलराम को वहाँ छोड़कर खाली हाथ ब्रज लौटे, तो यशोदा आक्रोश के मारे उन पर टूट पड़ीं । उन्होंने नंद से कहा कि 'उलटि पग कैसैं दिन्हौं नंद ।/ छाड़े कहाँ उभै सुत मोहन, धिक जीवन मति मंद' और 'काहैं न पाइँ परे वसुद्यौ के, घालि पाग गर फंद ।/सूरदास प्रभु अबकैं पठवहु, सकल लोक-मुनि-बंद ।।' दूसरे उद्धरण का तात्पर्य यह है कि तुमको चाहिए था कि तुम अपने गले में पगड़ी का फंदा बनाकर वसुदेव के पैरों पर गिर पड़ते और कहते— सभी लोगों और मुनियों के वंदनीय प्रभु को एक बार फिर ब्रज में आने दें । इतना ही नहीं, वे नंद से यह भी कहती हैं कि 'अब हौं जाइ जमुन जल बहिहौं कहा करौ मोहिं राखी ।' अब एक कातरतापूर्ण प्रसंग देखिए : 'इक दिन नंद चलाई बात ।/कहत सुनत गुन राम कृष्न कै ह्वै आयौ परभात ।/वैसैहि भोर भयौ जसुमति कौ लोचन जल न समात ।' नंद भी कम व्यथित नहीं हैं । वे कहते हैं : 'चूक परी हरि की सेवकाई ।/वह अपराध कहाँ लौं बरनौं कहि-कहि नंद महर पछिताई ।।/कोमल चरन कमल कंटक कुस हम उन पै बन गाइ चराई ।/रंचक दधि के काज जसोदा बाँधे कान्ह उलूखल लाई ।।' लेकिन इससे यशोदा का गुस्सा कम नहीं होता । वे नंद से कहती हैं : 'सराहौं तेरौ नंद हियौ ।/मोहन सौं सुत छाड़ि मधुपुरी गोकुल आनि जियौ ।।' मथुरा में नंद को पता चल गया था कि कृष्ण उनके और यशोदा के नहीं, वसुदेव और देवकी के पुत्र हैं, सो यशोदा एक पथिक को संदेश देती हैं :

सँदेसौ देवकी सौं कहियौ ।
हौं तौ धाइ तिहारे सुत की, मया करत ही रहियौ ।।
जदपि टेव तुम जानतिं उनकी, तऊ मोहिं कहि आवै ।
प्रात होत मोरे लाल लड़ैतैं, माखन रोटी भावै ।।
तेल उबटनौ अरु तातौ जल, ताहि देखि भजि जाते ।
जोइ जोइ माँगत, सोइ सोइ देती, क्रम क्रम करिकै न्हाते ।।

सूर पथिक सुनि मोहिं रैनि दिन, बढ़्यौ रहत उर सोच ।
मेरौ अलक लड़ैतौ मोहन, ह्वै है करत सँकोच ।।

इसमें 'अलक' शब्द का अर्थ 'दुलारा' है और 'लड़ैतौ' का 'लड़कपन' । फिर वे उससे यह भी कहती हैं :

अबकैं लाल होहु फिरि बारे ।
कैसैं टेव मिटति मनमोहन, आँगन डोलत फिरत उघारे ।।
माखन कारन आरि करत जो, उठि पकरत दधि माठ सकारे ।
कछुक भाजि लै जात जु भावत, सुख पावत जब खात लला रे ।।
जा कारन हौं भरमति बिह्वल, लै कर लकुट फिरत गुन हारे ।
सूरदास प्रभु तुम मनमोहन, भूल गए देखति हौं प्यारे ।।

कृष्ण मथुरा में राजा हो गए हैं, इसलिए अब न आँगन में नंगे फिरते होंगे, न माखन के लिए जिद करते होंगे । अब अपनी लकुटी लेकर भी इधर-उधर नहीं जाते होंगे, इसलिए यशोदा पथिक को संदेश देती हैं कि वे एक बार फिर से बच्चे हो जाएँ । तीसरी पंक्ति में आनेवाला शब्द 'माठ' का अर्थ है 'मटकी' ।

दूसरी बार यशोदा का वात्सल्य तब उमड़ता है, जब उद्धव कृष्ण का संदेश लेकर ब्रज आते हैं और यशोदा उनसे कृष्ण का जिक्र करते-करते मूर्च्छित हो जाती हैं : 'इतौ बूझत माइ जसुमति परी मुरछित गात ।/सूरदास किसोर मिलवहु मेटि हिय की तात ।।' 'तात' अर्थात् 'जलन' । वे लौटते वक्त उद्धव को संदेश देती हैं । कुछ पदों के अंश नीचे उद्धृत हैं—

1. *बसुदेव पिता, देवकी माता, वै जु कहत जगदीस हमारे ।*
मिलहुँ न जाय धाइ के नाते, सेवा बहुत करी हम बारे ।।
पा लागौं ऊधो यह कहियहु, नैन सजल भरि ढरत पनारे ।
सूरदास प्रभु तुम्हरे बिछुरतै, ऐसे भए कोखि के जारे ।।

2. *जहँ खेलन के ठौर तुम्हारे, नंद देखि मुरझात ।*
जौ कबहूँ उठि जात खरिक लौं, गाइ दुहावन प्रात ।।

दुहत देखि औरनि के लरिका, प्रान निकसि नहिं जात ।
सूरदास बहुरौ कब देखौं, कोमल कर दधि खात ।।

3. *को अब ग्वाल सखा सँग लीन्हे, साँझ समै ब्रज आवै ।*
को अब चोरि–चोरि दधि खैहै, मैया कौन बुलावै ।।
बिदरति नाहि बज्र की छाती, हरि–बियोग क्यौं सहियै ।
सूरदास अब नंदनँदन बिनु, कहौ कौन बिधि रहियै ।।

4. *मुरली दई, दोहनी घृत भरि, ऊधौ धरि लई सीस ।*
यह तौ घृत उनही सुरभिनि कौ, जे प्यारी जगदीस ।।

वैसे तो सारे उद्धरण अत्यंत मार्मिक हैं, लेकिन अंतिम उद्धरण तो कलेजा तोड़ देनेवाला है । पहले उद्धरण में यशोदा कहती हैं कि कृष्ण के जाने के बाद से मैं 'कोखजली' हो गई हूँ । दूसरे उद्धरण में नंद की भावास्था का वर्णन है । इसमें आनेवाले 'खरिक' शब्द का अर्थ है 'गोशाला' । तीसरे उद्धरण में कृष्ण से जुड़ी उन स्मृतियों का आख्यान है, जो उनके वियोग में अत्यंत मारक हो गई हैं ।

सूरदास हिमालय की तरह थे, जो गल–गलकर गीतों में बहते रहे । उनके कुछ पद तो इतने लंबे हैं कि कई–कई पृष्ठों तक चलते हैं । ऐसे पद प्रेम–लीला के क्रम में अधिक आए हैं । ऐसा लगता है कि सूर का गीति–निर्झर जब फूटता है, तब रुकने का नाम नहीं लेता । उनकी विशेषता यह है कि वे उसे नियंत्रणहीन कभी नहीं होने देते ।

प्रेम

मेक्सिको के विश्वप्रसिद्ध कवि ऑक्टावियो पाज ने, जिन्होंने ज्यादातर प्रेम की ही कविताएँ लिखी हैं, प्रेम पर एक पूरी पुस्तक लिखने की योजना बनाई । 1960 में उन्होंने पुस्तक पर काम शुरू भी किया, लेकिन वह आगे नहीं बढ़ सका । 1965 में जब वे अपने देश का राजदूत बनकर भारत आए, तो यहाँ उन्होंने कृष्ण और राधा के प्रेम से संबंधित पद सुने । उन्होंने पुन: प्रेम पर एक पुस्तक लिखने का विचार किया और कुछ नोट्स भी लिए । लेकिन वे नोट्स धूल खाते रहे और मकान बदलने तथा अनेक यात्राएँ करने में काफी कुछ खो भी गए । इस बीच पाज की प्रेम-संबंधी संकल्पना में परिवर्तन भी होता रहा । अंतत: 1992-93 में उन्होंने यह चिंता छोड़कर कि लोग इस बढ़ी हुई अवस्था में प्रेम पर पुस्तक लिखने के लिए मेरा उपहास करेंगे, पुस्तक लिखना शुरू किया और उसे कुछ ही महीनों में पूरा भी कर लिया । आज स्पैनिश में लिखी गई उस पुस्तक का अंग्रेजी अनुवाद 'द डबल फ्लेम' के नाम से सुलभ है । मेरा अनुमान है कि इस पुस्तक के लेखक ने निश्चय ही कृष्ण और राधा की प्रेम-लीलाओं से संबंधित सूर के पद सुने होंगे, क्योंकि दिल्ली से कर्नाटक तक शास्त्रीय संगीतकारों द्वारा उन्हीं के पद गाए जाते हैं, चंडीदास या विद्यापति के नहीं । ब्रज-भूमि भी दिल्ली से दूर नहीं है । इसने उनके भीतर सूर के उक्त पदों को पढ़ने की इच्छा पैदा की होगी, जिससे वे उन तक पहुँच सके । पाज ने प्रेम का आधार काम को माना है, लेकिन उसे काम से भिन्न भी बतलाया है । उनका कहना है कि काम से लाल लपट उठती है,

फिर नीली लपट, जो कि प्रेम की लपट होती है । सूर में भी प्रेम द्विस्तरीय है– दैहिक और भावनात्मक ।

हम कृष्ण और राधा के प्रेम से ही आरंभ करें, बावजूद इसके कि राधा सूर के प्रेम–काव्य में प्राय: शुरू से लेकर अंत तक आती है । एक दिन कृष्ण खेलने के लिए लट्टू और उसे नचाने वाली डोरी लेकर घर से निकले । वहाँ से वे यमुना के तट पर गए, जहाँ उनकी मुलाकात पहली बार राधा से हुई । यह पद अतिशय प्रसिद्ध है और अपने लालित्य में बेजोड़ भी । वह इस प्रकार है :

खेलत हरि निकसे ब्रज खोरी ।
कटि कछनी पीतांबर बाँधे हाथ लए भौंरा चक डोरी ।।
मोर मुकुट कुंडल स्रवननि बर दसन दमक दामिनि छबि थोरी ।
गए स्याम रबितनया कैं तट अंग लसति चंदन की खोरी ।।
औचक ही देखी तहँ राधा नैन बिसाल भाल दिए रोरी ।
नील बसन फरिया कटि पहिरे बेनी पीठि रुलति झकझोरी ।।
संग लरिकिनी चलि इत आवति दिन थोरी अति छबि तन गोरी ।
सूर स्याम देखत हीं रीझै नैन नैन मिलि परी ठगोरी ।।

इस पद में 'खोरी' शब्द दो बार आया है, क्रमश: 'गली' और 'लेप' के अर्थ में । 'फरिया' का अर्थ है 'लहँगा' और 'रुलति' का संबंध लहराने से है । कहने की आवश्यकता नहीं कि 'नैन बिसाल भाल दिए रोरी' और 'बेनी पीठि रुलति झकझोरी' का सौंदर्य अकूत है । इस पद का जुड़वाँ पद निम्नलिखित है–

बूझत स्याम कौन तू गोरी ।
कहाँ रहति काकी है बेटी देखी नहीं कहूँ ब्रज खोरी ।।
काहै कौं हम ब्रज तन आवतिं खेलति रहहिं आपनी पौरी ।
सुनत रहतिं स्रवननि नँद ढोटा करत फिरत माखन दधि चोरी ।।
तुम्हरौ कहा चोरि हम लैहैं खेलन चलौ संग मिलि जोरी ।
सूरदास प्रभु रसिक सिरोमनि बातनि भुरइ राधिका भोरी ।।

इस पद में भी ब्रजभाषा का लाड़ला शब्द 'ढोटा' गजब ढा रहा है । कृष्ण ने जब देखा कि वे राधा के मन में अपने प्रति प्रेमाकर्षण पैदा करने में सफल हो गए हैं, तो तत्काल उनकी प्रेम-क्रीड़ा शुरू हो गई । पहले पद में कहा जा चुका है कि राधा की आँखें बहुत बड़ी-बड़ी थीं, सो कृष्ण ने पीछे से आकर अपनी हथेलियों से उसकी दोनों आँखें बंद कीं, तो वे उनमें अँट नहीं सकीं : 'ठाड़ी कुँवरि राधिका लोचन मीचत तहँ हरि आए ।/अति बिसाल चंचल अनियारे हरि हाथनि न समाए ।।' कोई भी मानेगा कि इस वर्णन में सूर ने अपनी असाधारण कला का परिचय दिया है ।

राधा नंद की गोशाला में आई है । वहाँ रस-लंपट कृष्ण ने उसके साथ छेड़खानी शुरू की—

नीबी ललित गही जदुराइ ।
जबहिं सरोज धर्‌यौ श्रीफल पर तब जसुमति गई आई ।।
ततछन रुदन करत मनमोहन मन मैं बुधि उपजाइ ।
देखौ ढीठि देति नहिं माता राख्यौ गेंद चुराइ ।।
तब वृषभानु सुता हँसि बोली हम पै नाहिं कन्हाइ ।
काहे कौं झकझोरत नोखे चलहु न देउँ बताइ ।।
देखि बिनोद बाल सुत कौतुक महरि चली मुसुकाइ ।
सूरदास के प्रभु की लीला को जानै इहिं भाइ ।।

'नीवी' शब्द के दो अर्थ हैं— साड़ी की गाँठ और कंचुकी की गाँठ । यहाँ मतलब दूसरे अर्थ से है । कृष्ण ने एक हाथ राधा की कंचुकी की गाँठ पर रखा और दूसरा हाथ उसके बिल्ब-सदृश उरोज पर । आगे गेंद का जो प्रसंग आता है, उससे स्पष्ट है कि राधा के उरोज उसकी किशोरावस्था में पूर्ण विकसित बिल्ब-फल के समान न होकर गेंद के आकार के थे । यहाँ हमारा ध्यान 'श्रीफल' शब्द के प्रयोग पर भी जाना चाहिए, जिसमें 'श्रीयुक्त फल' है । कृष्ण ने यह हरकत की ही थी कि वहाँ यशोदा पहुँच गईं । कृष्ण ने रोने का नाटक किया और कहा कि इसने मेरी गेंद चुरा ली है । इस पर राधा ने

कहा कि तुम मुझे क्यों झकझोरते हो, चलो मैं तुम्हारी गेंद बतला देती हूँ कि वह कहाँ है । यशोदा ने अपने पुत्र का यह विनोद देखा और मुस्कुराती हुई चली गईं । इसमें आनेवाले शब्द 'नोखे' का अर्थ है 'अनोखे' । उसी दिन भारी वर्षा होने की आशंका थी, सो नंद ने राधा से कहा कि कृष्ण को घर लेकर जाओ और तुम भी अपने घर चली जाओ । तत्पश्चात् राधा ने कृष्ण के हाथ पकड़े और दोनों सघन वन की ओर चले गए । वहाँ उन्होंने कुंज में कामोद्रेक के बाद विहार किया—

गगन घहराइ जुरी घटा कारी ।
पवन झकझोर चपला चमक चहुँ ओर सुवन तन चितै नँद डरत भारी ।।
कहौ बृषभानु की कुँवरि सौं बोलि कै राधिका कान्ह घर लिए जा री ।
दोउ घर जाहु सँग गगन भयौ स्याम रंग कुँवर कर गहौ बृषभानु बारी ।।
गए बन घन ओर नवल नंदकिसोर नवल राधा नए कुंज भारी ।
अंग पुलकित भए मदन तिन तन जए सूर प्रभु स्याम स्यामा बिहारी ।।

इसमें आनेवाले शब्द 'बारी' का अर्थ है 'पुत्री' । इसी प्रकार का एक और पद है, जिसका आरंभिक अंश है—

नवल किसोर नवल नागरिया ।
अपनी भुजा स्याम भुज ऊपर स्याम भुजा अपनैं उर धरिया ।।
क्रीड़ा करत तमाल तरुन तर स्यामा स्याम उमँगि रस भरिया ।
यौं लपटाइ रहे उर उर ज्यौं मरकत मनि कंचन मैं जरिया ।।

अंतिम पंक्ति में जो उपमा है, वह देखने लायक है । राधा गोरी थी और कृष्ण कृष्णवर्ण, सो जब दोनों लिपटे, तो ऐसा प्रतीत हुआ, जैसे सोने में मरकत मणि को जड़ दिया गया हो ! यहीं हमें उस प्रसिद्ध पद को देख लेना चाहिए, जिसे गाते हुए सूर के प्राण निकले थे । अमृतलाल नागर ने इसी पद के आरंभिक दो शब्दों को लेकर 'खंजन नयन' नामक सूरदास पर अपना उपन्यास लिखा है, यद्यपि पद में दोनों शब्द कृष्ण के लिए प्रयुक्त हैं, जो किसी दूसरी

गोपिका के साथ रात बिताकर राधा के पास पहुँचे हैं । स्वभावत: उनकी आँखों में ललाई है, जिस पर किंचित् आक्रोश के साथ ही सही, राधा फिदा हो जाती है,–

खंजन नैन सुरँग रस माते ।
अतिसय चारु विमल, चंचल ये, पल पिंजरा न समाते ।।
बसे कहूँ सोइ बात सखी कहि, रहे इहाँ किहिं नातैं ?
सोइ संज्ञा देखति औरासी, विकल उदास कला तैं ।।
चलि–चलि जात निकट स्रवननि के, सकि ताटंक फँदाते ।
सूरदास अंजन गुन अटके, नतरु कबै उड़ि जाते ।।

राधा अपनी सखी से कहती है कि कृष्ण के ये नेत्र रात में कहीं अन्यत्र बसे हैं, फिर ये यहाँ किस नाते रहें ? ये उसी विशिष्ट मुद्रा को देखते रहते हैं और अन्य कलाओं से सर्वथा उदासीन रहते हैं । लेकिन उनकी आँखों पर मुग्ध होकर वह यह भी कहती है कि वे अंजन अर्थात् कृष्ण के श्याम रंग के गुण से अँटके हुए हैं, नहीं तो कभी के उड़ गए होते ।

यशोदा को झूठी कहानी कहकर कि कल जब वे यमुना के तट पर भटक गए थे, तब यही लड़की मेरी बाँह पकड़कर मुझे मेरे घर पहुँचा गई थी, उनसे राधा का परिचय कराया और कहा कि मैं तुम्हें कसम देता हूँ, यहाँ आने में वह बहुत संकोच कर रही थी, उसे रोकना नहीं । यह कुछ पहले की बात है । अब तो कृष्ण यशोदा को समझाते हैं कि वह सुबह–शाम आने लगी है, सो तुम सावधान रहना कि वह कहीं मेरी मुरली व खिलौने न चुरा ले जाए । प्रेम में झूठ और बहानेबाली का बहुत ज्यादा महत्त्व है, जैसे इनके बिना प्रेम संभव ही नहीं हो । राधा सवेरे–सवेरे दोहनी लिए नंद की गोशाला में पहुँचती है और माँ को यह कहती जाती है कि तुम घर पर ठकुराइन बनकर रहो । मैं एक चेरी मिल गई हूँ, सो दूध लाने जा रही हूँ । कल देर हो गई, जिससे दूध नहीं मिला । वह गोशाला में पहुँची तो उसके दरवाजे पर ही कृष्ण गाय दुह रहे थे । अब उनकी छेड़खानी देखिए–

धेनु दुहत अतिहीं रति बाढ़ी ।
एक धार दोहनि पहुँचावत एक धार जहँ प्यारी ठाढ़ी ।।
मोहन कर तैं धार चलति परि मोहनि मुख अतिहीं छबि गाढ़ी ।
मनु जलधर जलधार बृष्टि लघु पुनि पुनि प्रेमचंद पर बाढ़ी ।।
सखी संग की निरखतिं यह छबि भईं व्याकुल मन्मथ की डाढ़ी ।
सूरदास प्रभु के रस बस सब भवन काज तैं भईं उचाढ़ी ।।

राधा की सखियाँ उस समय उसकी मुख-छवि देखती हैं और काम से दग्ध खड़ी रह जाती हैं । उनका चित्त श्याम के रस के वशीभूत होकर घर के काम-काज से उचाट हो जाता है ।

अब गारुड़ी-प्रसंग । राधा माँ के रोकने पर भी गुस्से से भरकर घर से बाहर गई थी । लेकिन तुरत पसीने से लथ-पथ घर लौटी । उसका शरीर एकदम ठंढा था । उसकी एक सखी ने बतलाया कि उसे एक काले नाग ने डँस लिया है । कृष्ण साँप का विष उतारना जानते हैं, इसलिए अब उन्हीं को बुलाना चाहिए । राधा की माँ कीर्ति दौड़ती हुई यशोदा के पास गई और कृष्ण को जाने की अनुमति देने के लिए प्रार्थना करने लगी । पहले तो यशोदा ने यह मानने से इनकार किया कि कृष्ण को तंत्र-मंत्र भी आता है, लेकिन स्वयं कृष्ण के कहने पर उन्होंने उन्हें जाने की अनुमति दे दी । कृष्ण पहुँचे और 'कछु पढ़ि पढ़ि कर अंग परस करि बिष अपनौ लियौ झारि ।/सूरदास प्रभु बड़े गारुड़ी सिर पर गाड़ू डारि ।।' पहली पंक्ति में 'बिष अपनौ' बहुत ही सार्थक शब्द हैं, क्योंकि राधा को साँप ने नहीं डँसा था, उस पर कृष्ण-वियोग का विष चढ़ गया था । कृष्ण ने अपने कारण उस पर चढ़ा हुआ उसका विष उतारकर उसके सिर पर गाड़ू अर्थात् जादू-टोना डाल दिया । गारुड़ी-प्रसंग से अधिक प्रसिद्ध चीर-हरण-प्रसंग है । शीत ऋतु थी । गोपिकाएँ अपने सारे वस्त्र उतारकर यमुना में स्नान कर रही थीं । स्नान करने के बाद जब वे किनारे पर आईं, तो देखा कि उनके वस्त्र गायब हैं । वे फिर यमुना में उतर गईं । उन्होंने इधर-उधर नजर दौड़ाई, तो पाया कि कृष्ण उनके सारे वस्त्र लेकर कदंब के वृक्ष पर चढ़ गए हैं और उन्हें डालों पर लटका दिया है ।

उन्होंने उनसे प्रार्थना की कि वे उनके वस्त्र दे दें, क्योंकि वे ठंढ के मारे थर-थर काँप रही हैं । लेकिन कृष्ण कम शरारती नहीं थे । उन्होंने उनसे कहा—

जल तैं निकसि तीर सब आवहु ।
जैसैं सविता सौं कर जोरे तैसेहिं जोरि दिखावहु ।।
नव बाला हम तरुन कान्ह तुम कैसैं अंग दिखाबैं ।
जलही मैं सब बाहँ टेकि कै देखहु स्याम रिझाबैं ।।
ऐसैं नहिं रीझौं मैं तुम सौं तटहीं बाहँ उठावहु ।
सूरदास प्रभु कहत सबनि सौं वस्त्र हार तब पावहु ।।

कृष्ण गोपिकाओं से कहते हैं कि तुमलोग जल से निकलकर किनारे पर आओ और जैसे सूर्य को हाथ जोड़ रही थी, वैसे ही मुझे भी जोड़कर दिखलाओ । गोपिकाएँ कहती हैं कि हम तरुणी हैं और तुम तरुण, फिर तुम्हें कैसे अपने अंग दिखावें ? वे जल के भीतर से ही उन्हें खुश करने की कोशिश करती हैं, लेकिन वे कहते हैं कि तुम सब किनारे पर आकर हाथ उठाओगी, तभी मैं खुश होऊँगा और तभी तुम्हारे वस्त्राभूषण तुम्हें मिलेंगे । गोपिकाएँ अपने गोपनीय अंगों को हाथों से ढँककर किनारे पर आईं और कृष्ण से कहा कि तुम हमारे आभूषण रखो, सिर्फ वस्त्र दे दो । उन्होंने यह भी कहा कि तुम जो-जो कहोगे, सो हम सब करेंगी और यह भी जान लो कि तुम जाओगे कहाँ, हम भी कभी तुमसे बदला लेंगी । अंत में कृष्ण ने उनके वस्त्राभूषण दे दिए और कहा कि तुम लोग घबराओ नहीं, मैं तुम्हारी सारी इच्छाएँ पूरी कर दूँगा और शरत् पूर्णिमा को तुम्हारे साथ रास-नृत्य करूँगा । उन्होंने सबों के अंगों का स्पर्श करके उनकी व्रत-साधना को सफल कर दिया । फिर उन्हें सुख देकर ब्रज को चल दिए ।

अपने वचन के अनुसार शरत् पूर्णिमा की रात को वृंदावन में कृष्ण ने अपनी मुरली छेड़ी और उसमें गोपिकाओं का नाम ले-लेकर उन्हें बुलाया । मुरली की ध्वनि सुनकर सारी गोपिकाएँ बाबली हो गईं और जो जिस हालत में थीं, हड़बड़ाकर वन की ओर भागीं । सूर के शब्दों में—

ब्याकुल भईं सबै ब्रजनारी ।
मुरली सौं बोलीं गिरिधारी ।।
चलीं सबैं जहँ-तहँ सुकुमारी ।
उपजी प्रीति हृदय अति भारी ।।
मुरली स्याम अनूप बजाई ।
बिधि मर्जादा सबनि भुलाई ।।
निसि बन कौं जुवती सब धाई ।
उलटे अंग अभूषन ठाई ।।
कोउ चली चरन हार लपटाई ।
काहूँ चौकी भुजनि बनाई ।।
अँगिया कटि लहँगा उर लाई ।
यह सोभा बरनी नहिं जाई ।।
कोउ उठि चली जाति है कोऊ ।
कोउ मग गई मिली मग कोऊ ।।
सूरदास प्रभु कुंज बिहारी ।
सरद रास रस रीति बिचारी ।।

ऐसा लगता है कि इस प्रकार का वर्णन परंपरा से अत्यंत प्रिय रहा है, क्योंकि यह अश्वघोष में भी है और कालिदास में भी । अश्वघोष ने 'बुद्धचरित' में सिद्धार्थ को देखने के लिए और कालिदास ने 'कुमारसंभव' में शिव को देखने के लिए तथा 'रघुवंश' में अज को देखने के लिए सुंदरियों को इसी प्रकार उलटा-सीधा और आधा-अधूरा श्रृंगार करके खिड़की की ओर और छत पर भागते हुए दिखलाया है । उक्त उद्धरण में जो 'ठाई' शब्द आया है, उसका अर्थ है 'धारण कर लिए' और 'चौकी' शिरोभूषण है । जब गोपिकाएँ आ गईं, तो कृष्ण ने उनसे विनोद किया । कहा कि 'अब तुम भवन जाहु पति पूजहु परमेस्वर की नाईं ।/सूर स्याम जुवतिनि सौं यह कहि करि अपराध छमाई ।।' मजा यह कि उन्होंने गोपिकाओं को बुला भी लिया और अब उनसे क्षमा भी माँग रहे हैं । यह सुनकर वे स्तब्ध रह गईं । बोलीं, 'निठुर बचन जनि बोलहु

स्यामा ।/ आस निरास करौ जनि हमरी बिकल कहति हैं बाम ।' फिर उन्होंने यह निवेदन किया कि—

काके पिता मातु हैं काकी काहूँ हम नहिं जानैं ।।
काके पति सुत मोह कौन कौ घरही कहा पठावत ।
कैसौ धर्म पाप है कैसौ आस निरास करावत ।।
हम जानैं केवल तुमहीं कौं और बृथा संसार ।
सूर स्याम निठुराई तजियै तजियै बचन बिकार ।।

यह सुनकर कृष्ण प्रसन्न हुए और उनके समर्पण–भाव को देखकर 'सूर स्याम अंकम भरि लीन्हौ बिरह अग्नि झर तुरत बुझानी ।' इसमें आने वाले 'झर' शब्द का अर्थ है 'ज्वाला' । तत्पश्चात् उन्होंने उन सबों के साथ यमुना–तट पर रास रचाया । चारों ओर गोपिकाएँ, उनके बीच में कृष्ण, जिनके बाएँ राधा अत्यंत शोभित हो रही थी ।

रास समाप्त होने पर कृष्ण ने राधा के अंचल को पकड़ा और उसे विहार के लिए बने हुए कुंज में ले गए—

कल्पतरोवर तर बंसीबट राधा रति गृह धाम ।
तहाँ रास रस रंग उपायौ सँग सोभति ब्रज बाम ।
मध्य स्याम घन तड़ित भामिनी अति राजति सुभ जोरी ।
सूरदास प्रभु नवल छबीले नवल छबीली गोरी ।।

रास का श्रम दूर करने के लिए कृष्ण और सारी गोपिकाएँ अब यमुना के जल में उतर गए और जल–क्रीड़ा करने लगे । उसका एक मनोहर दृश्य—

राधे छिरकति छींट छबीली ।
कुच कुंकुम कंचुकि बँद छूटे लटकि रही लट गीली ।।
बंदन सिर ताटंक गंड पर रतन जटित मनि नीली ।
गति गयंद मृगराज सुकटि पर सोभित किंकिनि ढीली ।।

जब जल-क्रीड़ा के उपरांत गोपिकाएँ अपने-अपने घर लौटीं, तो घर के सभी लोग सोए हुए थे, इसलिए उन्हें कोई परेशानी नहीं हुई ।

अब यमुना-तट के मार्ग पर कृष्ण की शरारत देखिए—

जुवति इक आवति देखी स्याम ।
द्रुम कैं ओट रहे हरि आपुन जमुना तट गई बाम ।।
जल हलोरि गागरि भरि नागरि जबहीं सीस उठायौ ।
घर कौं चली जाए ता पाछै सिर तैं घट ढरकायौ ।।
चतुर ग्वालि कर गहौ स्याम कौ कनक लकुटिया पाई ।
औरनि सौं करि रहे अचगरी मोसौं लगत कन्हाई ।।
गागरि लै हँसि देत ग्वारि कर रीतौ घट नहिं लैहौं ।
सूर स्याम ह्याँ आनि देहु भरि तबहि लकुट कर दैहौं ।।

चतुर ग्वालिनी ने कृष्ण का हाथ पकड़ लिया और उनकी स्वर्ण-लकुटी ले ली । बोली, तुम औरों से छेड़छाड़ करते रहे हो, आज मुझसे भिड़े हो । तब कृष्ण हँस दिए और गगरी लेकर उसके हाथ में थमाई । उसने कहा, मैं खाली घड़ा नहीं लूँगी । तुम जब गगरी भरकर ला दोगे, तभी यह लकुटी दूँगी । तत्पश्चात्—

घट भरि दियौ स्याम उठाइ ।
नैंकु तन की सुधि न ताकौ चली ब्रज समुहाइ ।।
स्याम सुंदर नैन भीतर रहे आनि समाइ ।
जहाँ-जहाँ भरि दृष्टि देखै तहाँ तहाँ कन्हाइ ।।
उतहिं तैं इक सखी आई कहति कहा भुलाइ ।
सूर अबहीं हँसत आई चली कहा गँवाइ ।।

कृष्ण के इस व्यवहार से वे ग्वालिनी की आँखों में समा गए । अब उसका यह हाल हो गया कि उसे चारों तरफ कृष्ण ही दिखलाई पड़ने लगे । उधर से उसकी एक सखी आ रही थी । उसने उससे पूछा कि तुम्हारा क्या खो गया

है ? अभी तो तुम हँसती हुई आई थीं, अब क्या गँवाकर चल दीं ? वह उसकी बाँह पकड़कर उसके घर पहुँचा आई और खुद यमुना से पानी लेने के लिए चली । कृष्ण से मिलने के बाद उसका हाल और बुरा हुआ—

मग नहीं डग धरति नागरि गई भवनि भुलाई ।
जल भरन ब्रजनारि आवति देखि ताहि बुलाई ।।
जाति कित ह्वै डगर छाँड़े कह्यौ इत कौं आइ ।
सूर प्रभु कैं रंग राँची चितै रही चित लाइ ।।

कृष्ण को नई-नई शरारतें सूझतीं थीं । सूर ने ठीक ही उन्हें 'रसिक सिरोमनि' कहा है । इस बार वे यमुना की तरफ जानेवाले उस मार्ग पर बैठ गए, जिससे होकर गोपिकाएँ उस पार दही, माखन और दूध बेचने जाती थीं । उन्होंने अपने सखाओं से कहा कि वे पेड़ों पर चढ़कर छिप जाएँ और गोपिकाओं का झुंड आए, तो उसे चारों तरफ से घेर लें । उन्होंने वैसा ही किया । वे गोपिकाओं से कहने लगे कि आज तुमलोगों को इस मार्ग से आने-जाने का कर चुकाना होगा । गोपिकाओं ने कहा कि कन्हैया, ऐसा तो कभी नहीं हुआ, तुम यह नई बात क्या कर रहे हो ? लेकिन वे अपनी जिद पर अड़े रहे और उनसे कहा कि तुम्हें कर के रूप में अपने यौवन का दान देना होगा । वे बोलीं—

दान लेहु घर जान देहु काहे कौं कान्ह देत हौ गारी ।
जो कछु कहैं करैं हम सोई इहि मारग आवैं ब्रजनारी ।।
भली करी दधि माखन खायौ चोली हार तोरि सब डारी ।
जोबन दान कहूँ कोउ माँगत यह सुनि सुनि अति लाजनि मारी ।।
होति अबार दूरि घर जैबो पैयाँ लगौं डरति हैं भारी ।
सूर स्याम काहै कौं झगरौ तुम सुजान हम ग्वारि गँवारी ।।

कृष्ण अपने साथियों के साथ सब दही, माखन और दूध खा-पी चुके थे । अब उन्होंने कहा—

जोबन दान लेउँगौ तुम सौं ।
जाकैं बल तुम बदति न काहुहिं कहा दुरावति हमसौं ।।
ऐसौ धन तुम लिये फिरति हौ दान देत सतराति ।
अतिहिं गर्व तैं कह्यौ न मोसौं नित प्रति आवति जाति ।।
कंचन कलस महारस भारे हमहूँ तनक चखावहु ।
सूर सुनौ बिन दिए दान के जान नहीं तुम पावहु ।।

उनमें और गोपिकाओं में देर तक विवाद चलता रहा, लेकिन वे अपनी माँग से टस से मस नहीं हुए । उसका एक कारण यह भी था कि वे उनकी मन की बात जानते थे । उक्त पद में 'सतराना' शब्द आया है, जिसका अर्थ है 'कतराना' । अंत में कृष्ण ने जब उनसे यह कहा कि वे महाराज कामदेव के आदेश से उनका दूत बनकर उनसे यौवन का दान लेना चाहते हैं, तो वे सब अपना सुध-बुध खो बैठीं और उनके आगे आत्मसमर्पण कर दिया । कृष्ण ने इच्छा-भर उनके रूप और यौवन का दान लिया । एतत्संबंधी पद है—

अंतरजामी जानि लई ।
मन मैं मिले सबनि सुख दीन्हौ तब तनु की कछु सुरति भई ।।
जब जान्यौ बन मैं हम ठाढ़ी तन निरख्यौ मन सकुचि गईं ।
कहतिं परस्पर आपुस मैं सब कहाँ रहीं हम काहि रईं ।।
स्याम बिना ये चरित करै को यह कहि कै तनु सौंप दियौ ।
सूरदास प्रभु अंतरजामी गुप्तहिं जोबन दान लियौ ।।

इसमें जो 'रई' शब्द आया है, उसका संबंध 'रमने' से है । अंत में प्रसन्न होकर कृष्ण ने भविष्य में उन्हें निर्भय इस रास्ते से आने-जाने को कहा— 'बहुरि इहि मग जाहु आवहु राति साँझ सकार ।/सूर ऐसौ कौन जो पुनि तुमहिं रोकनहार ।।' लेकिन साथ-साथ उन्होंने उनसे यह भी कहा कि 'पछिलौ देहु निबाहि आजु सब पुनि दीजौ जब जानौ कालि' यानी पिछला सारा हिसाब आज चुकता कर दो, फिर कल जाना, तो उसका हिसाब फिर देना ।

कृष्ण के साथ मनोवांछित विलास करने के बाद गोपिकाएँ बुरी तरह

से विभ्रम का शिकार हो गईं । यह निम्नलिखित दो पदों में द्रष्टव्य है–

1. *रीती मटुकी सीस लै चलीं घोष कुमारी ।*
एक एक की सुधि नहीं को कैसी नारी ।।
बनहीं मैं बेंचति फिरैं घर की सुधि डारी ।
लोक लाज कुल कानि की मरजादा हारी ।।
लेहु लेहु दधि कहति हैं बन सोर पसारी ।
द्रुम सब घर करि जानहीं तिनकौं दै गारी ।।
दूध दह्यौ नहिं लेहु री कहि कहि पचि हारी ।
कहत सूर घर कोउ नहीं कहँ गईं दइमारी ।।

2. *गोरस को निज नाम भुलायौ ।*
लेहु लेहु कोऊ गोपलहिं गलिनि गलिनि यह सोर लगायौ ।।
कोउ कहै स्याम कृष्ण कहै कोऊ आजु दरस नाहीं हम पायौ ।
जाकैं सुधि तन की कछु आवति लेहु दही कहि तिनहिं सुनायौ ।।
इक कहि उठति दान माँगत हरि कहूँ भई कै तुमहिं चलायौ ।
सुनहु सूर तरुनी जोबन मद तापर स्याम महारस पायौ ।।

पहले गोपिकाएँ खाली मटकी लिए हुए वन के वृक्षों से दूध-दही लेने का अनुरोध करती रहीं और उन्हें घर समझकर अपशब्द कहती रहीं, लेकिन उसके बाद वे गोरस का नाम भूल गईं और ब्रज की गलियों में 'गोपाल लो, गोपाल लो' कहती हुई फिरने लगीं । उनमें से एक कहती है कि कन्हाई, दान माँगते हैं, ऐसा कभी हुआ है कि तुम्हीं ने यह प्रथा चलाई है ? सूरदास कहते हैं कि तरुणियाँ एक तो यौवन मद से ऐसे ही मतवाली हैं, उस पर श्याम के महारस को पा गई हैं, फिर क्यों न होश खो दें ?

कुछ विद्वानों ने लिखा है कि सूर का वियोग-वर्णन जितना प्रभावशाली है, उतना उनका संयोग-वर्णन नहीं । उन्हें ऐसा संभवतः इस कारण भी लगा है कि संयोग-वर्णन अपेक्षाकृत संक्षिप्त है, जबकि वियोग-वर्णन अत्यंत विस्तृत । कृष्ण के मथुरा चले जाने के बाद सूर ने गोपियों के विरह का वर्णन

करीब सवा दो सौ पदों में किया है । भ्रमरगीत को लें, तो उसमें करीब पाँच सौ पद हैं । आचार्य शुक्ल ने संपूर्ण भ्रमरगीत में से चार सौ पदों को चुनकर 'भ्रमरगीत सार' नामक पुस्तक संपादित की थी । डा. माताप्रसाद गुप्त द्वारा संपादित उनके द्वारा चुने गए पदों का संकलन 'विरह और भ्रमरगीत' उनके निधनोपरांत प्रकाशित हुआ । उसमें सिर्फ तीन सौ एक पद हैं । उन्होंने आचार्य शुक्ल द्वारा चुने गए करीब दो सौ सत्तर पदों को भी छोड़ दिया है । निश्चय ही इसका कारण यह है कि वे पाठालोचन के इस पश्चिमी सूत्र को मानकर चलते थे कि 'प्राचीनतम पाठ मूल के निकटतम होता है ।' इस कारण उनकी विधि पूरी तरह से यांत्रिक हो गई थी । पं. विश्वनाथप्रसाद मिश्र ने, जो स्वयं एक बड़े पाठालोचक थे, एक बार अपने भाषण में कहा था कि डा. गुप्त पाठालोचन के पश्चिमी सिद्धांत को मानकर चलते हैं और अर्थ पर ध्यान नहीं देते । ऐसी स्थिति में निश्चय ही उक्त सिद्धांत दूर तक हमारी मदद नहीं कर सकता । विद्यापति, कबीर और सूर के पाठालोचन में इस सिद्धांत की सीमाएँ अच्छी तरह से उजागर हो जाती हैं । ये तीनों महान् कवि एक परंपरा के थे, जिस कारण उनकी रचनाओं में भारी संख्या में प्रक्षेप हुआ है । यदि इन तीनों कवियों की रचनाओं का मूल पाठ निर्धारित करना हो, तो हमें उनकी शब्द-योजना यानी कथन-भंगी और उनके भावलोक पर ध्यान देना ही होगा । सूर इतने असधारण कवि थे और उनकी शब्द-योजना इतनी कवित्वपूर्ण तथा उनका भावलोक इतना लालित्यपूर्ण था कि उनके सुर से सुर मिलाना आसान काम नहीं था । ऐसी स्थिति में किसी यांत्रिक विधि से उनका पाठ-निर्धारण करना एक बेहद खतरनाक काम है । बहरहाल ।

पहले हम कृष्ण के मथुरा-गमन के बाद गोपियों की जो दशा हुई, उस पर विचार करें, फिर भ्रमरगीत को देखेंगे । गोपियों के विरह से संबंधित अनेक पद भी अत्यंत लोकप्रिय हैं । यह पद देखिए—

अब हौं कहा करौं री माई ।
नँदनंदन देखैं बिनु सजनी पलभरि रह्यौ न जाई ।।
घर के मात पिता सब त्रासत इहि कुल लाज लजाई ।
बाहर के सब लोग हँसत हैं कान्ह सनेहिनि आई ।।

सदा रहत चित चाक चढ़्यौ सो गृह अँगना न सुहाई ।
सूरदास गिरिधरन लाड़िले हँसि करि कंठ लगाई ।।

इसमें एक गोपी की दयनीय अवस्था का वर्णन तो है ही, कृष्ण के साथ उसके संबंध को लेकर उसके माता-पिता द्वारा उसे डराया जाना तथा यह कहना भी कि उन्होंने कुल की लज्जा को भी लज्जित कर दिया है, ध्यातव्य है । वह कहती है कि घर के लोग तो ऐसा कहते हैं और बाहर के लोग मुझे देखकर यह कहते हुए मेरी हँसी उड़ाते हैं कि देखो, यह कृष्ण से प्रेम करनेवाली आ रही है ! 'सदा रहत चित चाक चढ़्यौ सो गृह अँगना न सुहाई' यह पंक्ति जितनी जोरदार है, उतनी ही मार्मिक भी । अंत में गोपिका यह कहती है कि कृष्ण ने हँसकर जो मुझे गले से लगा लिया था, यह उसी का नतीजा है ! यह पद तो प्रसिद्ध नहीं है, लेकिन निम्नलिखित पद, जिसका आरंभिक अंश उद्धृत है, अत्यंत प्रसिद्ध है—

इहिं बिरियाँ बन तैं ब्रज आवत ।
दूरिहिं तैं वह बेनु अधर धरि बारंबार बजावत ।।
कबहुँक काहूँ भाँति चतुर चित अति ऊँचे सुर गावत ।
कबहुँक लै लै नाम मनोहर धौरी धेनु बुलावत ।।
इहिं बिधि बचन सुनाइ स्यामघन मुरछे मदन जगावत ।
आगम सुख उपचार बिरह-जुर बासर अंत नसावत ।।

शाम का वक्त है । एक गोपिका उस समय कृष्ण के वन से गाय चराकर लौटने के दृश्य का अत्यधिक व्याकुलता से वर्णन करती है और अंत में कहती है कि कृष्ण अपनी वंशी के स्वर से मेरे मन में सोई हुई काम-भावना को जगा देते थे और अपने आगमन के सुख से विरह-ज्वर को शांत कर देते थे । ऐसा ही प्रसिद्ध एक अन्य पद है—

मधुबन तुम क्यौं रहत हरे ।
बिरह बियोग स्याम सुंदर के ठाढ़े क्यौं न जरे ।।

मोहन बेनु बजावत तुम तर साखा टेकि खरे ।
मोहे थावर अरु जड़ जंगम मुनि जन ध्यान टरे ।।
वह चितवनि तू मन न धरत है फिरि फिरि पुहुप धरे ।
सूरदास प्रभु विरह–दवानल नख–सिख लौं न जरे ।।

यह 'मधुबन' वृंदावन है, मथुरा नहीं । यह पद इतना स्पष्ट और ललित है कि इस पर कोई टिप्पणी दरकार नहीं । 'वह चितवनि तू मन न धरत है फिरि फिरि पुहुप धरे' लाजवाब है, खास तौर से इसका उत्तरार्ध । अंतिम पंक्ति 'सूरदास प्रभु बिरह–दवानल नख–सिख लौं न जरे' में एक ऐसा चित्र है, जो उदात्त भी है ।

गोपिकाओं को अफसोस है कि उन्होंने कृष्ण से अपने कुछ काम भी करवाए, उनसे मान भी किया और उनकी याचना को हठपूर्वक ठुकराया भी । वे उन्हें आश्वस्त करती हैं कि भविष्य में वे ऐसा कभी नहीं करेंगी, वे फिर ब्रज आकर निवास करें ।

कहिहैं न चरनन देन जावक गुहन बेली फूल ।
करन कहिहैं अब सिंगार न जाइ जमुना कूल ।।
करिहैं न कबहूँ मान हम हठिहैं न माँगत दान ।
कहिहैं न मृदु मुरली बजावन करन तुमसौं मान ।।

उक्त पद की तरह ही मार्मिक निम्नलिखित पदांश भी है–

मिलि बिछुरे की पीर कठिन है कहैं न कोऊ मानै ।
मिलि बिछुरे की पीर सखी री बिछुर्‌यौ होई सो जानै ।।
बिछुरे रामचंद्र औ दसरथ प्रान तजे छिन माहीं ।
बिछुर्‌यौ पात गिर्‌यौ तरुवर तैं फिरि न लगैं उहि ठाहीं ।।

अंतिम पंक्ति में दिया गया दृष्टांत जितना नया है, उतनी ही अभिव्यक्त स्थिति असहनीय । उसके पहलेवाली पंक्ति में दशरथ के राम–वियोग में प्राण–त्याग का जो दृष्टांत कथित है, वह गोपियों के विरह को बहुत गहराई प्रदान कर देता

है । पुनः यह प्रसिद्ध पद–

निसि दिन बरषत नैन हमारे ।
सदा रहति बरषा रितु हम पर जब तैं स्याम सिधारे ।।
दृग अंजन न रहत निसिबासर कर कपोल भए कारे ।
कंचुकि पट सूखत नहिं कबहूँ उर बिच बहत पनारे ।।
आँसू सलिल सबै भइ काया पल न जात रिस टारे ।
सूरदास प्रभु यहै परेखौ गोकुल काहैं बिसारे ।।

इस पद की चौथी पंक्ति पर लोग अधिक ध्यान देते हैं, लेकिन इससे अधिक करुण इसकी तीसरी पंक्ति है । गोपिकाएँ लगातार रोती रहती हैं, इसलिए उनकी आँखों में अंजन नहीं टिकता, जिससे उनके कपोल और हाथ दोनों काले हो जाते हैं । आँसू ढलककर गालों पर आते हैं और उन्हें पोंछनेवाले हाथ भी अंजन के रंग में रँग जाते हैं । ब्रजभाषा में 'परेख' शब्द के कई अर्थ हैं । यहाँ 'परेखौ' का जो अर्थ ग्राह्य है, वह है 'पछतावा' । उक्त पद से थोड़ा ही कम प्रसिद्ध निम्नलिखित पद है–

मेरे नैना बिरह की बेलि बई ।
सींचत नैन–नीर के सजनी मूल पताल गई ।।
बिगसित लता सुभाइ आपनैं छाया सघन भई ।
अब कैसैं निरवारौं सजनी सब तन पसरि छई ।।
को जानै काहू के जिय की छिन–छिन होत नई ।
सूरदास स्वामी के बिछुरैं लागी प्रेम जई ।।

यह पूरा पद एक रूपक है, पर वह कहीं से भी इस पर आरोपित नहीं है, इस कारण यह उसकी सौंदर्य–वृद्धि ही करता है, उसे क्षतिग्रस्त नहीं करता । कवित्व का उत्कर्ष 'सब तन पसरि छई' में दिखलाई पड़ता है । 'छई' का अर्थ 'छा जाना' से संबंधित है, जैसे ध्रुवक में आनेवाले शब्द 'बई' का 'जमने' से । अंतिम पंक्ति में गोपिका कहती है कि कृष्ण के बिछुड़ जाने के

बाद तो इसमें नए-नए और भी अंकुर फूटते जा रहे हैं ।

आचार्य शुक्ल ने यह भी लिखा है कि गोपिकाओं का विरह में रोना-धोना इसलिए भी असंगत लगता है कि मथुरा गोकुल से दूर नहीं थी और वे रोज वहाँ यमुना पार करके दही बेचने जाती थीं । गोकुल से मथुरा की निकटता गोपिकाओं को भी मालूम थी । एक पद में वे कहती भी हैं कि 'मथुरा के द्रुम देखियत न्यारे ।/ह्वाँ हैं स्याम हमारे प्रीतम चितवत लोचन हारे ।।/कितिक बीच संदेसहु दुरलभ सुनियत टेरि पुकारे ।' तात्पर्य यह कि यहाँ से मथुरा के पेड़ भी अलग-अलग स्पष्ट दीख पड़ते हैं । हमारे प्रियतम श्याम वहीं तो हैं, पर उस मथुरा का रास्ता देखते-देखते हमारी आँखें थक गईं । ब्रज और मथुरा की दूरी है ही कितनी ? बीच में यमुना-भर है । इस पार से पुकारा जाए, तो उस पार और उस पार से पुकारा जाए तो इस पार स्पष्ट सुनाई दे जाता है, पर हमारे लिए तो उनका संदेशा भी दुर्लभ हो गया है । वस्तुस्थिति यह है कि प्रेम में देश की दूरी कोई अर्थ नहीं रखती । जो है, वह मन की दूरी । यह सर्वथा संभव है कि एक स्थान पर रहते हुए भी प्रेमी-प्रेमिका एक-दूसरे के मन से कोसों दूर हों । अब एक गोपिका का यह मर्मांतक स्वप्न-भंग दर्शनीय है : 'सोवत मैं सपनैं सुनि सजनी ज्यौं निधनी निधि पाई ।/इतनहि आनि अचानक कोकिल उपवन बोलि जगाई ।।' रीतिकालीन कवि देव के एक छंद में यह गोपिका स्वप्न में कृष्ण का नृत्य देखने जाती है और जैसे ही वे अपने साथ नृत्य करने के लिए उसका वस्त्र पकड़कर खींचते हैं कि गाय रँभाने लगती है और सवेरा हो जाता है और उसका स्वप्न टूट जाता है, उसकी आँखें खुल जाती हैं । यहाँ गाय के रँभाने की जगह कोयल का कूकना है, जो अधिक मर्मभेदी है । एक दूसरी गोपिका का स्वप्न और उसका टूटना यह है : 'मनु गुपाल आए मेरैं गृह हँसि करि भुजा गही ।/कहा कहौं बैरिनि भई निद्रा निमिष न और रही ।।/ज्यौं चकई प्रतिबिंब देखि कै आनंदै पिय जानि ।/सूर पवन मिलि निठुर बिधाता चपल कियौ जल आनि ।।' इसमें कृष्ण उस गोपिका के घर आते हैं और हँसकर जैसे ही उसकी बाँह पकड़ते हैं कि उसकी नींद टूट जाती है । उसके बाद सूर ने एक अद्‌भुत उपमा का प्रयोग किया है । कहा है कि चकवी, जल में अपना

प्रतिबिंब देखकर, उसे अपना प्रिय चकवा समझकर आनंदित हो ही रही थी कि हवा चली और जल के चंचल हो जाने से वह प्रतिबिंब बिखर गया !

गोपिकाओं की हालत कितनी खराब है, वह उनकी इस उक्ति से जानी जा सकती है : 'वै जो देखते राते-राते फूलनि फूली डार ।/हरि बिन फूलझरी सी लागत झरि-झरि परत अँगार ।।' 'राते-राते' का अर्थ है 'लाल-लाल', यानी जो फूल अपनी डालों पर पहले अरुणवर्ण थे, अब वे किसी आतिशबाज की फुलझड़ी की तरह लगते हैं । लगता है, जैसे अंगारे झड़-झड़ पड़ रहे हैं । 'फूलझड़ी' का कमाल दीवाली में देखने को मिलता है । चारों ओर बच्चे फुलझड़ी छोड़ते दिखलाई पड़ते हैं । सूरदास के पद में इस शब्द के प्रयोग से पता चलता है कि इसका निर्माण काफी पहले से होने लगा था । निम्नलिखित पद अत्यंत सरल है और दृष्टांतों से भरपूर है, लेकिन कहीं से भी यह कृत्रिम नहीं हुआ है । परिणामतः इसका ध्रुवक हिंदी क्षेत्र में लोकोक्ति के रूप में प्रचलित है—

प्रीति करि काहू सुख न लह्यौ ।
प्रीति पतंग करी पावक सौं आपै प्रान दह्यौ ।।
अलि-सुत प्रीति करी जल-सुत सौं संपुट माँझ गह्यौ ।
सारँग प्रीति करी जु नाद सौं सन्मुख बान सह्यौ ।।
हम जौ प्रीति करी माधव सौं चलत न कछू कह्यौ ।
सूरदास प्रभु बिनु दुख पावत नैननि नीर बह्यौ ।।

सूर का एक और लोकप्रचलित छोटा-सा पद है, जो सूरसागर के कई संस्करणों में नहीं मिलता, जबकि उसे हर तरह से प्रामाणिक समझना चाहिए । वह है—

पिय बिनु नागिनि कारी रात ।
जौ कहुँ जामिनि उबति जुन्हैया डसि उलटी ह्वै जात ।।
जंत्र न फुरत मंत्र नहिं लागत प्रीति सिरानी जात ।
सूर स्याम बिनु बिकल बिरहिनी मुरि मुरि लहरैं खात ।।

काली रात है । चारों ओर गहरी कालिमा फैली है, सो वह रात काली सर्पिणी की तरह लगती है । उसमें कभी चाँदनी निकल आती है, तो लगता है कि वह सर्पिणी दंश मारकर उलट गई है, यानी वह चाँदनी क्या है, उसकी सफेद पेटी । उसके डँसने का यह परिणाम हुआ है कि यंत्र–मंत्र कुछ काम नहीं कर रहा और विरहिनी के मूर्च्छित होने के साथ उसका प्रेम ठंढा पड़ता जा रहा है, जिसका उसे बहुत दु:ख है । कृष्ण के बिना वह मुड़–मुड़कर विष की लहरों में डूब–उतरा रही है । गोपिकाएँ कृष्ण के वियोग में इतनी व्यथित हैं कि एक पद में एक गोपिका कहती है : 'बरु वह भली पूतना जाकौ पय सँग प्रान लियौ ।/मनु मधु अँचै निपट सूने तन यह दुख अधिक दियौ ।।' कहना व्यर्थ है कि यह विरह–वेदना का चरमोत्कर्ष है । इसमें प्रयुक्त 'मधु अँचै' का अर्थ है 'चुंबन लेना/करना' । गोपिका कहती है कि कृष्ण ने चुंबन के साथ मेरे प्राण भी ले लिए होते, तो यह विरह–व्यथा तो न सहनी पड़ती ।

अब राधा की ही जुबानी उसका हाल सुनिए–

मेरे मन इतनी सूल रही ।
ते बतियाँ छतियाँ लिखि राखीं जे नँदलाल कही ।।
एक द्यौस मेरैं गृह आए हौं ही महत दही ।
रति माँगत मैं मान कियौ सखि सो हरि गुसा गही ।।
सोचति अति पछिताति राधिका मुरछित धरनि ढही ।
सूरदास प्रभु के बिछुरे तैं बिथा न जाति सही ।।

इस पद में 'गुसा' (गुस्सा) शब्द का प्रयोग हुआ है, जो ध्यातव्य है । यह अरबी का शब्द है, जिसके प्रयोग से पता चलता है कि तुलसी की तरह सूर भी भाषा के मामले में पवित्रतावादी नहीं थे और उसके प्रचलित रूप को अपनाने के पक्ष में थे । राधा का प्रेम कृष्ण के प्रति कितना गहन है, यह एक सखी दूसरी सखी से बतलाती है : 'भूख न दिन निसि नींद हिरानी एकौ पल नहिं सोवति ।/जे जे बसन स्याम सँग पहिरे ते अजहूँ नहिं धोवति ।'

अब इस प्रसंग में अंतिम पद, जिसकी अंतिम पंक्ति में दी गई उपमा जितनी नवीन है, उतनी ही सशक्त भी । खास बात यह कि यह लोक से ली

गई है—

वे देखियत मधुबन के रूख री ।
तामें स्याम हमारे प्रीतम जिननि हरी मेरी नींद भूख री ।
उन बिन मोपै रह्यौ न परत है, बिनु देखे नैननि को दूख री ।
'सूरदास' प्रभु मोहन नागर को विरह कोल्हू भयो तन ऊख री ।।

यहाँ 'मधुबन' का अर्थ है मथुरा और 'मोपै' का अर्थ है मुझसे ।

भ्रमरगीत की भूमिका–स्वरूप सूरदास ने एक पूरा पद लिखा है । उद्धव कृष्ण के मित्र थे, लेकिन वे जानते थे कि इनके भाव अनीतिपूर्ण हैं । ये निर्गुण ब्रह्म को मानते हैं और मुझे तीनों गुणों से युक्त शरीर समझते हैं । ये नहीं समझते कि बिना सगुण हुए इस पृथ्वी का उद्धार नहीं किया जा सकता । ये अत्यंत अहंकारी हैं । इनके लिए विरह की पीड़ा कोई चीज नहीं है । ये नहीं जानते कि बिना उसके प्रेमोद्भाव नहीं हो सकता । फिर इन्हें कैसे समझाया जाए ? उन्होंने निश्चय किया कि इन्हें सीख देने के लिए अपने संदेश के साथ ब्रज गोपिकाओं के पास भेज दिया जाए । पद है—

जदुपति जानि उद्धव रीति ।
जिहिं प्रगट निज सखा कहियत करत भाव अनीति ।।
बिरह–दुख जहँ नाहि नैकहुँ तहँ न उपजै प्रेम ।
रेख रूप न बरन जाकैं इहिं धर्‌यौ वह नेम ।।
त्रिगुन तन करि लखत हमकौं ब्रह्म मानत और ।
बिना गुन क्यों पुहुमि उधरैं यह करत मन डौर ।।
बिरस रस किहिं मंत्र कहिऐ क्यौं चलै संसार ।
कछु कहत यह एक प्रगटत अति भर्‌यौ अहँकार ।।
प्रेम भजन न नैंकु याकैं जाइ क्यौं समुझाइ ।
सूर प्रभु मन यहै आनी ब्रजहिं देउँ पठाइ ।।

इसमें 'डौर' शब्द आया है, जिसका अर्थ 'डोलते रहने' से संबद्ध है । तात्पर्य

यह कि उद्धव का मन सगुण को लेकर स्थिर नहीं है । कृष्ण ने उन्हें कसौटी पर चढ़ा देने के लिए उन्हीं की मान्यता के अनुकूल उनसे यह कहते हुए उन्हें तुरत ब्रज के लिए प्रयाण करने को कहा—

ऊधौ तुम यह निहचै जानौ ।
मन बच क्रम मैं तुमहिं पठावत ब्रज कौ तुरत पलानौ ।।
पूरन ब्रह्म अकल अबिनासी ताके तुम हौ ज्ञाता ।
रेख न रूप जाति कुल नाहीं जाके नहिं पितु माता ।।
यह मत दै गोपिन कौं आवहु बिरह–नदी मैं भासत ।
सूर तुरत तुम जाइ कहौ यह ब्रह्म बिना नहिं आसत ।।

यहाँ प्रयुक्त अंतिम शब्द है 'आसत', जिसका मतलब है 'अस्तित्व', यानी ब्रह्म के अतिरिक्त संसार में किसी वस्तु का अस्तित्व नहीं ।

उद्धव ने तत्काल कृष्ण के आदेश का पालन किया और ब्रज जाकर गोपिकाओं से निवेदन किया—

सुनौ गोपी हरि कौ संदेस ।
करि समाधि अंतरगति ध्यावहु यह उनकौ उपदेस ।।
वै अबिगत अबिनासी पूरन सब घट रहे समाइ ।
तत्व ज्ञान बिनु मुक्ति नहीं है वेद पुराननि गाइ ।।
सगुन रूप तजि निरगुन ध्यावहु इक चित इक मन लाइ ।
यह उपाइ करि बिरह तरौ तुम मिलै ब्रह्म तब आइ ।।
दुसह सँदेस सुनत माधौ कौ गोपी जन बिलखानी ।
सूर बिरह की कौन चलावै बूड़ति मनु बिनु पानी ।।

गोपिकाओं को कृष्ण का यह संदेश हर तरह से अप्रत्याशित लगा, जो कि वस्तुतः वह था । उसी समय एक काला भौंरा वहाँ आकर मँडराने लगा । उद्धव का रंग भी काला था, सो गोपिकाएँ उस भौंरे को संबोधित कर ही उन्हें उत्तर देने लगीं । वे उन्हें सीधे तर्कों से बेधने भी लगीं और बीच-बीच में

कृष्ण के प्रति अपने प्रेम और अपनी विरह-व्यथा का भी आख्यान करती रहीं । इस तरह का यह लोकप्रिय पद है–

मधुकर हम न होहिं वै बेलि ।
जिन भजि तजि तुम फिरत और रँग करत कुसुम-रस केलि ।।
बारे तैं बर बारि बढ़ी हैं अरु पोषी पिय पानि ।
बिनु पिय परस प्रात उठि फूलत होति सदा हित हानि ।।
ये बेली बिरहीं वृंदाबन उरझीं स्याम तमाल ।
प्रेम-पहुप-रस बास हमारे बिलसत मधुप गोपाल ।।
जोग समीर धीर नहिं डोलतिं रूप डार दृढ़ लागीं ।
सूर पराग न तजति हिए तैं श्री गुपाल अनुरागीं ।।

इस पद में भी शुरू से अंत तक भौंरे के रूपक का प्रयोग किया गया है, लेकिन पहले की तरह यह कहीं से अस्वाभाविक नहीं है । ऐसा नहीं है कि सूर ने कभी रूपक को खींचा नहीं हो, यद्यपि उसमें भी उनकी कवि-प्रतिभा की चमक छिपती नहीं है, लेकिन जैसा कि मैं पहले ही निवेदन कर चुका हूँ, मैं उनके सबसे सुंदर पदों को ही उद्धृत कर रहा हूँ । आगे के एक पद में गोपिकाएँ सीधे-सीधे आक्रोश से भरकर उद्धव पर लांछन लगाती हैं । उस पद का आरंभिक अंश है–

तजन कहत अंबर आभूषन गेह नेह सुत ही कौ ।
अंग भस्म करि सीस जटा धरि सिखवत निरगुन फीकौ ।।
मेरे जान यहै जुवतिनि कौ देत फिरत दुख पी कौ ।
ता सराप तैं भयौ स्याम तन तउ न गहत डर जी कौ ।।

उक्त पद के थोड़ा बाद निम्नलिखित पद आता है, जो उद्धव पर कठोर आक्रमण करता है–

ऊधो बेगि मधुबन जाहु ।
जोग लेहु सँभारि अपनौ बेचियै जहँ लाहु ।।

हम बिरहिनी नारि हरि बिनु कौन करै निबाहु ।
तहीं दीजै मूल पूरै नफा तुम कुछ खाहु ।।
जो नहीं ब्रज मैं बिकानौ नगर-नारि बिसाहु ।
सूर वै सब सुनत लैहैं जिय कहा पछिताहु ।।

गोपिकाएँ उद्धव पर यह कहकर हमला करती हैं कि तुम अपना योग मथुरा में ही पूरे दाम पर बेचो । वहाँ तुम अपना दाम तो वसूल ही लोगे, तुम्हें कुछ मुनाफा भी होगा । यदि वह ब्रज में नहीं बिकता, तो वहाँ नगर की नारियों के हाथ बेच दो ! वे सब सुनते ही खरीद लेंगी । तुम मन में क्यों पछता रहे हो ? उक्त पद से भी अधिक आक्रामक निम्नलिखित पद है—

मधुकर भली सुमति यह खोई ।
हाँसी होन लगी है ब्रज मैं जोगहिं राखहु गोई ।।
आतम-ब्रह्म लखावत डोलत घट-घट ब्यापक जोई ।
चाँपे काँख फिरत निरगुन गुन, इहाँ न गाहक कोई ।।
प्रेम-बिथा सोई पै जानै जापै बीती होई ।
तू नीरस एती कह जानै बूझि देखियै लोई ।।
बड़ौ दूत तू बड़ी ठौर कौं बड़ी बुद्धि सु बड़ोई ।
सूरदास पूरो दै षटपद कहत फिरत है सोई ।।

इसमें आने वाले शब्द 'लोई' का अर्थ है 'लोग' । अंतिम पंक्ति में गोपिकाएँ भौंरे के माध्यम से उद्धव से कहती हैं कि तू जिस पूर्ण ब्रह्म की बातें कहता फिर रहा है, उसी पूर्ण ब्रह्म यानी कृष्ण को लाकर हमसे मिला दे । अब यह प्रसिद्ध पद—

अँखियाँ हरि दरसन की प्यासी ।
देख्यौ चाहतिं कमलनैन कौं निसि-दिन रहतिं उदासी ।।
आए ऊधौ फिरि गए आँगन डारि गए गर फाँसी ।
केसरि तिलक मोतिनि की माला बृंदाबन के बासी ।।

काहू के मन की कोउ जानत लोगनि के मन हाँसी ।
सूरदास प्रभु तुम्हरे दरस कौं करवत लैहौं कासी ।।

एक गोपिका उद्धव से कहती है कि वृंदावन में निवास करनेवाले कृष्ण एक दिन केसर का तिलक लगाए हुए और गले में मोतियों की माला पहने हुए मेरे घर आए, पर न जाने क्यों, आँगन तक आकर ही लौट गए और मेरे गले में फाँसी का फंदा डाल गए । कोई किसी के मन की बात नहीं जानता, पर लोग उसकी हँसी उड़ाने लगते हैं । तुम जाकर कृष्ण से कह देना कि उनका दर्शन नहीं मिला, तो हम काशी जाकर अपना सिर आरे से चिरवा लेंगी । 'करवत' संस्कृत का 'करपत्र' है, जिसका अर्थ होता है 'आरा' । यह आज की हिंदी में 'करवट' हो गया है । अब एक छोटा-सा पद, जिसकी अंतिम पंक्ति का अंतिम अंश 'भई भसम की ढेरी' भयानक है । वह पद है—

हरि बिनु पलक न लागत मेरी ।
पात-पात बृंदाबन ढूँढ़्यौ कुंज-गली सब हेरी ।।
हम दुखिया दुख ही कौं सिरजी जनम जनम की चेरी ।
सूरदास प्रभु तुम्हरे दरस कौं भई भसम की ढेरी ।।

आगे के एक पद में गोपिकाएँ अपनी आँखों के बारे में कहती हैं कि इनमें विरह की वायु भर गई है, जिससे ये रात-दिन खुली रहती हैं । ऐसी स्थिति में, हे भ्रमर, तुम इन आँखों में ज्ञान की शलाका भोंक रहे हो । उसे ये कैसे सह सकती हैं ? तुम इन आँखों में कृष्ण के रूप-रस का अंजन लगा दो और हमारी पीड़ा हर लो । उस पद का आगे का अंश है—

मग जोवत पलकौ नहिं लागति बिरह बिकल भईं भारी ।
भरि गई बिरह बयारि दरस बिनु निसि-दिन रहति उघारी ।।
ते अलि अब ये ज्ञान सलाकैं क्यौं सहि सकतिं तिहारी ।
सूर सु अंजन आँजि रूप रस आरति हरहु हमारी ।।

एक पद में स्वयं राधा अपनी एक सखी से कहती है : इस भौंरे की सीख ब्रज

में कौन सुनेगा ? इसकी कथनी और करनी में भारी अंतर है । मैं इसे थोड़े में कहे दे रही हूँ । अपने तो यह कृष्ण के चरण-कमल के मकरंदामृत में लीन रहता है और अपना हृदय उसी में बोरे रहता है, पर हमसे कह रहा है कि गगन-मंडल में कुआँ खोदकर स्नान कर लो, विरह का सारा श्रम दूर हो जाएगा । इशारा उद्धव के हमेशा कृष्ण के निकट रहने की तरफ है । वह हमें कुंडलिनी जगाने और सहस्रार चक्र से टपकते अमृत पीने की सलाह दिए जा रहा है । इसी प्रकार हमें देखकर, हे भ्रमर, तुम्हें सहज ही जान लेना चाहिए कि हम सब ब्रह्म-ज्ञान के विषय में एकदम कोरी हैं । बहुत कहने से रस जाता रहता है, इसलिए मैं सिर्फ इतना कह रही हूँ कि गूलर के फल फोड़ने से उसमें से कुछ नहीं निकलता । 'खोरें' शब्द का अर्थ ब्रजभाषा के 'खोर' शब्द से संबद्ध है, जिसका अर्थ होता है 'स्नान' । 'आए जोग सिखावन पाँड़े' पद अपने तीखेपन के लिए प्रसिद्ध है । इसकी आरंभिक दो पंक्तियाँ देखने लायक हैं : 'परमारथी पुराननि लादै, ज्यौं बनजारे टाँड़े ।/हमरे गति-पति कमलनयन की, जोग सिखैं ते राँड़े ।' गोपिकाएँ कहती हैं कि उद्धव योग सिखाने के लिए आ गए हैं । ये बड़े 'परमार्थी' हैं ! जैसे व्यापारी अपने बैलों पर व्यापार की सामग्री लादे हुए उन्हें बेचने निकलते हैं, ये भी पुराणों की सामग्री बेचने के लिए आए हैं । हमारी गति और हमारे पति तो कमलनयन कृष्ण हैं, जो राँड़ यानी विधवा हों, वे योग-साधना सीख सकती हैं । ब्रजभाषा में 'टाँड़ा' चौपायों के झुंड को कहते हैं । पुनः एक पदांश, जिसमें गोपिकाएँ उद्धव से कहती हैं कि कृष्ण भी मथुरा जाकर तुम्हारे निर्गुण की नाव में ही बहे जा रहे हैं, वर्ना वे हमें ऐसा संदेश न भेजते । प्रश्न यह उठता है कि जब वे साक्षात् सगुण ब्रह्म नहीं हैं, तो—

को जसुमति ऊखल सौं बाँध्यौ को दधि माखन चोरे ।
किन ये दोऊ रूख हमारे जमला अर्जुन तोरे ।।
को लै बसन चढ़्यौ तरु-साखा मुरली मन आकरषे ।
को रस-रास रच्यौ बृंदाबन हरषि सुमन सुर बरषे ।।

अब यह सरल पद, जिसका ध्रुवक हिंदी क्षेत्र में कहावत के रूप में

प्रयुक्त होता है,–

निरगुन कौन देस कौ वासी ?
मधुकर कहि समुझाइ सौंह दै बूझतिं साँच न हाँसी ।।
को है जनक कौन है जननी कौन नारि को दासी ।
कैसे बरन भेष है कैसौ किहिं रस मैं अभिलाषी ।।
पावैगौ पुनि कियौ आपनौ जो रे करैगौ गाँसी ।
सुनत मौन ह्वै रह्यौ बावरौ सूर सबै मति नासी ।।

इसकी दूसरी पंक्ति से स्पष्ट है कि सूर की वाग्मिता विलक्षण थी । 'गाँसी' शब्द का अर्थ है 'कपट' । अंतिम पंक्ति इस दृष्टि से महत्त्वपूर्ण है कि गोपियों की यह बात सुनकर बेचारे उद्धव मौन हो गए और उनकी सारी बुद्धि जाती रही ।

गोपिकाओं का हमला जारी रहता है । वे सीधे उद्धव को संबोधित करती हुई कहती हैं कि तुम तो कृष्ण के पास रहनेवाले हो ! अपना यह निर्गुण–दर्शन लेकर काशी चले जाओ और वहाँ जो सिर मुड़ाये संन्यासी रहते हैं, उन्हें सुनाओ ! उनका आक्रोश कृष्ण पर इसलिए भी है कि राजकुमार होकर भी उन्होंने कंस की दासी कुब्जा को अपने घर में रख लिया है । उन्हें यदुकुल की प्रतिष्ठा की भी परवाह नहीं है । अकारण नहीं कि ब्रज में उनका उपहास किया जा रहा है । पद है–

ऊधौ तुम हौ निकट के वासी ।
यह निरगुन लै तिनहिं सुनावहु जे मुड़िया बसैं कासी ।।
मुरलीधरन सकल अँग सुंदर रूप–सिंधु की रासी ।
जोग बटोरे लिए फिरत हौ ब्रजवासिन की फाँसी ।।
राजकुमार चलैं हम जाने घर मैं कंस की दासी ।
सूरदास जदुकुलहिं लजावत ब्रज मैं होति है हाँसी ।।

तत्पश्चात् पुनः वे उद्धव से कहती हैं कि प्रेम नित्य नवीन और मधुर वस्तु

है । कृष्ण को देखिए, खुद मधुपुरी में जा बसे हैं और हमें योग सिखाने के लिए अपना दूत भेजते हैं ! इस लघु पद का अंतिम अंश पुनः जोरदार है, 'हुई भसम की ढेरी' की तरह ही,—

ऊधौ प्रीति नई नित मीठी ।
आपुन जाइ मधुपुरी छाए हमकौं जोग बसीठी ।।
काटे ऊपर लौन लगावत लिखि-लिखि पठवत चीठी ।
सूरदास प्रभु तुम्हरे दरस बिनु जरि बरि भईं अँगीठी ।।

पुनः —

ऊधौ हमहिं न जोग सिखैये ।
जिहिं उपदेस मिलैं हरि हमकौं सो व्रत नेम बतैऐ ।।
मुक्ति रहौ घर बैठि आपने निर्गुन सुनि दुख पैऐ ।
जिहिं सिर केस कुसुम भरि गूँदे कैसैं भस्म चढ़ैऐ ।।
जानि जानि सब मगन भई हैं आपुन आप लखैऐ ।
सूरदास प्रभु सुनहु नवै निधि बहुरि कि इहिं ब्रज अइऐ ।।

गोपिकाएँ उद्धव से कहती हैं कि तुमने एक बात बहुत अच्छी कही है । वह यह कि हम अपने हृदय में ही कृष्ण को देखें । हम तो अपने हृदय में उन्हें देख ही रही हैं । अब तुम यह बताओ कि हमारे नवोनिधि कृष्ण कब ब्रज आकर हमें प्रत्यक्ष दर्शन देंगे । इसके बाद यह प्रसिद्ध पद, जिसकी आरंभिक दो पंक्तियाँ भी हिंदी क्षेत्र के लोगों की जुबान पर रहती हैं । यह पद उद्धव को सटीक उत्तर तो है ही, सरल भी है—

ऊधौ मन न भए दस बीस ।
एक हुतौ सो गयौ स्याम सँग को अवराधै ईस ।।
इंद्री सिथिल भईं केसव बिनु ज्यौं देही बिनु सीस ।
आसा लागि रहति तन स्वासा जीवहिं कोटि बरीस ।।

तुम तौ सखा स्याम सुंदर के सकल जोग के ईस ।
सूर हमारैं नंदनँदन बिनु और नहीं जमदीस ।।

निम्नलिखित पद की आरंभिक पंक्तियाँ भी अत्यधिक प्रसिद्ध हैं । इसमें 'छँड़े' शब्द आया है । इसका अर्थ 'छोड़ना' से संबंधित है । यह पद भी सरल है, इसलिए बिना टीका-टिप्पणी के नीचे संपूर्णतः उद्धृत है—

इहिं उर माखरचोर गड़े ।
अब कैसैं निकसत सुनि ऊधौ तिरछे ह्वै जु अड़े ।।
जदपि अहीर जसोदा-नंदन कैसैं जात छँड़े ।
ह्वाँ जादौपति प्रभु कहियत हैं हमैं न लगत बड़े ।।
को वसुदेव-देवकी-नंदन कौ जानै को बूझै ।
सूर नंदनंदन के देखत और न कोऊ सूझै ।।

अब हम वह पद पूरा देखें, जो अकबर के सूर से यह कहने पर कि वे उसके यश-गान में कोई पद सुनावें, उन्होंने उसे उत्तर में गाकर सुनाया था । यह पद वस्तुतः भ्रमरगीत का है, जिसे गोपिकाएँ उद्धव को निवेदित करती हैं—

मन में रह्यौ नाहिन ठौर ।
नंदनंदन अछत कैसैं आनियै उर और ।।
चलत चितवन दिवस जागत स्वप्न सोवत राति ।
हृदय तैं वह मदन मूरति छिन न इत उत जाति ।।
कहत कथा अनेक ऊधौ लोक-लोभ दिखाइ ।
कह करौं मन प्रेम पूरन घट न सिंधु समाइ ।।
स्याम गात सरोज आनन ललित मृदु मुख हास ।
सूर इनकैं दरस कारन मरत लोचन प्यास ।।

इसकी छठी पंक्ति का यह अर्थ है कि उद्धव हमारा हृदय तो कृष्ण के प्रति प्रेम से भरा हुआ है, फिर इस घट में तुम्हारा ब्रह्म का समुद्र कैसे समा सकता है !

अगले पद का ध्रुवक भी सुपरिचित है । इसमें जो 'अँकोर' शब्द आया है, उसका अर्थ है 'उत्कोच' । पूरा पद है–

मधुकर स्याम हमारे चोर ।
मन हरि लियौ तनक चितवनि मैं चपल नैन की कोर ।।
पकरे हुते हृदय उर अंतर प्रेम प्रीति कैं जोर ।
गए छँड़ाइ तोरि सब बंधन दै गए हँसनि अँकोर ।।
चौंकि परीं जागत निसि बीती दूत मिल्यौ इक भौंर ।
सूरदास प्रभु सरबस लूट्यौ नागर नवल किसोर ।।

अब मैं नीचे वह पद दे रहा हूँ, जो प्रसिद्ध तो नहीं है, लेकिन सूर की असाधारण काव्य-क्षमता से संभव हुआ है–

जो कोउ यह तन फेरि बनावै ।
तौऊ नंदनँदन तजि मधुकर और न मन मैं आवै ।।
जौ या तन की त्वचा काटि कै लै करि दुंदुभि साजै ।
मधुर उतंग सप्त सुर निकसै कान्ह कान्ह करि बाजै ।।
निकसैं प्रान परैं जिहि माटी द्रुम लागै तिहि ठाम ।
अब सुनि सूर पत्र फल साखा लेत उठैं हरि नाम ।।

अंतिम पंक्तियों का अर्थ देखिए : हमारे प्राण निकलकर जिस भी मिट्टी में समाएँगे और उस स्थान पर जो भी वृक्ष उगेंगे, उनके पत्तों, फलों और शाखाओं से कृष्ण का ही नाम गूँजेगा । वे उठते हुए उन्हीं का नाम लेंगे । गोपिकाएँ अगले पद में उद्धव से कहती हैं कि अब ब्रज में रहना कठिन है । जहाँ-जहाँ भी यमुना के किनारे कृष्ण ने हँसी-दिल्लगी की थी, अब वहाँ उन्हें न पाकर यमुना को देखते ही हमारा हृदय दग्ध हो जाता है; अब यहाँ की गाएँ भी इतनी दु:खी हैं कि वे घास तो चरती हैं, लेकिन उसे खाती नहीं, दाँतों में ही दबाए रह जाती हैं । यह चित्र कितना करुण है, कहने की जरूरत नहीं है । वे दुबली होकर रोती हुई भटकती रहती हैं, जैसे अपने पास ही कहीं सिंह को देख लिया

हो । ये बातें निम्नलिखित पद की आरंभिक पंक्तियों में आई हैं–

अब कैसैं ब्रज जात बस्यौ ।
हृदय दहत जमुना बिनु देखे जहाँ–जहाँ नँदलाल हँस्यौ ।।
तब वै धेनु रहतिं प्रमुदित चित प्रभुहिं बिमुख तृन दंत कस्यौ ।
ते अब बिलख बदन कृस डोलतिं मनहु निकट केहरि दरस्यौ ।।

एक पद में वे उद्धव से कहती हैं कि योग हमारे लिए उस कुम्हड़े की तरह है, जो बकरी के मुँह में नहीं समा सकता : 'जोग अलि कुषमांड जैसौ अजा मुख न समात ।' इसके कुछ आगे यह मार्मिक पद आता है : 'ऊधौ कोकिल कूजत कानन ।/तुम हमकौं उपदेस करत हौ भस्म लगावन आनन ।' स्मरणीय है कि आचार्य शुक्ल ने 'भ्रमरगीत सार' की भूमिका का समापन अंत में यही पंक्तियाँ उद्धृत करते हुए किया है । अब आप ये पंक्तियाँ भी देख लें, जिन्हें गोपिकाएँ बाण की तरह उद्धव पर चलाती हैं : 'ऊधौ मन माने की बात ।/ दाख छुहाड़ा छाँड़ि अमृत–फल, बिष कीरा बिष खात ।'

आगे मैं एक ऐसा पद उद्धृत कर रहा हूँ, जिसकी तुक–योजना अद्‌भुत है । आचार्य शुक्ल ने लिखा है कि जैसे रूख तोड़ना कपियों का स्वभाव है, वैसे ही शब्द–तोड़ना कवियों का । सूर–जैसे कवि जब शब्द को विकृत करते हैं, तो एक रचनात्मक साहस के साथ, न कि अपने रचनात्मक असामर्थ्य के कारण । उदाहरणस्वरूप आप उनका निम्नलिखित पद देखें, जो गोपिकाओं द्वारा उद्धव को कथित है । अब वे उद्धव के द्वारा कृष्ण तक अपना यह संदेश पहुँचाना चाहती हैं–

बिनु गुपाल बैरिनि भईं कुंजैं ।
तब वै लता लगति तन सीतल अब भईं विषम ज्वाल की पुंजैं ।।
बृथा बहति यमुना खग बोलत बृथा कमल–फूलनि अलि गुंजैं ।
पवन पान घनसार सजीवन दधि–सुत–किरनि भानु भईं भुंजैं ।।
यह ऊधव कहियौ माधौ सौं मदन मारि कीन्हीं हम लुंजैं ।
सूरदास प्रभु तुम्हरे दरस कौं मग जोवत अँखियाँ भईं छुंजैं ।।

इस पद में प्रयुक्त 'घनसार' शब्द का अर्थ है 'कपूर' और 'दधि-सुत' का 'चंद्रमा' । अंतिम पंक्ति के उत्तरार्ध का यह अर्थ है कि उनका रास्ता देखते-देखते हमारी आँखें ज्योतिहीन हो गई हैं । निम्नलिखित पूरा पद गायों के बारे में है, जो हृदय-विदारक है । इसकी सरलता भी बहुत मोहक है—

ऊधौ इतनी कहियौ जाइ ।
अति कृस गात भईं ये तुम बिनु परम दुखारी गाइ ।।
जल-समूह बरषतिं दोउ अँखियाँ हूँकति लीन्है नाउँ ।
जहाँ-जहाँ गो-दोहन कीन्हौ सूँघतिं सोई ठाउँ ।।
परतिं पछार खाइ छिन ही छिन अति आतुर ह्वै दीन ।
मानहु सूर काढ़ि डारी हैं बारि मध्य तैं मीन ।।

गोपिकाएँ कृष्ण तक पहुँचाने के लिए उद्धव के सामने राधा की जिस स्थिति का बयान करती हैं, वह शब्दातीत है । चूँकि वह कृष्ण की असली प्रेमिका थी और कृष्ण उसके असली प्रेमी, इसलिए उनके वियोग में वह सबसे ज्यादा आहत थी । वह बयान इस तरह है—

अति मलीन बृषभानु कुमारी ।
हरि-स्रम-जल भींज्यौ उर-अंचल तिहि लालच न धुवावति सारी ।।
अधमुख रहति अनत नहिं चितवति ज्यौं गथ हारे थकित जुवारी ।
छूटे चिकुर बदन कुम्हिलाने ज्यों नलिनी हिमकर की मारी ।।
हरि-सँदेस सुनि सहज मृतक भइ इक बिरहिनि दूजे अलि जारी ।
सूरदास कैसैं करि जीवैं ब्रज-बनिता बिन स्याम दुखारी ।।

इसमें आनेवाले 'हरि-स्रम-जल' का अर्थ है 'कृष्ण के सुरति-काल में चला प्रस्वेद', 'गथ' शब्द का अर्थ है 'संपत्ति' और 'जारी' का 'दग्ध' । अब गोपी सहित राधा का प्रेम देखकर उद्धव ने पराजय ही नहीं स्वीकार की, निर्गुण मत को त्यागकर सगुण मत के अनुयायी हो गए । कहते हैं, 'अब अति चकितवंत मन मेरौ ।/आयौ हो निरगुन उपदेसन भयौ सगुन कौ चेरौ ।।' पद के अंत में

सूरदास कहते हैं कि योग का बेड़ा समुद्र में गर्क करके उद्धव ने मथुरा के लिए प्रयाण किया : 'सूर मधुप उठि चले मधुपुरी बोरि जोग कौ बेरौ ।।'

वे जब लौटकर मथुरा आए, तो कृष्ण से निवेदन किया—

ब्रज के निकट जाइ फिरि आयौ ।
गोपी-नैन-नीर सरिता तैं पार न पहुँचन पायौ ।।
तुम्हरी सीख सु नाव बैठिकै चाहत पार गयौ ।
ज्ञान ध्यान व्रत नेम जोग कौ सँग परिवार लयौ ।।
इहिं तट तैं चलि जात नैकु उत बिरह पवन झकझोरै ।
सुरति-वृच्छ सो मारि बाहु-बल टूक-टूक करि तोरै ।।
हौं हूँ बूड़ि चल्यौ वा गहिरैं केतिक बुड़की खाईं ।
ना जानौ वह जोग बापुरौ कहँ धौं गयौ गुसाईं ।।
जानत हुतौ थाह वा जल कौ औ तरिबे कौ धीर ।
सूर कथा जु कहा कहौं उनकी पर्‌यौ प्रेम की भीर ।।

उद्धव कहते हैं कि मैं ब्रज के निकट तो पहुँच गया था, लेकिन उसमें प्रवेश नहीं कर सका और वापस लौट आया । मैं तुम्हारे योग की सीख-रूपी नौका पर चढ़कर उस पार पहुँच जाना चाहता था, पर मेरे साथ ज्ञान, ध्यान, व्रत, नेम और योग का भारी परिवार था, सो इस किनारे से उस किनारे की ओर मैं थोड़ा ही पहुँच पाता था कि गोपियों के विरह की आँधी के झँकोरे झकझोर देते थे । वह आँधी आत्मा-रूपी वृक्ष को अपने बाहु-बल से मारकर टुकड़े-टुकड़े करके तोड़ डालती थी । मैं भी उस अश्रु-सरिता की गहराई में डूब गया और कितने ही गोते खा गया । हे प्रभु, पता नहीं वह बेचारा योग कहाँ बह गया । मैं उस अश्रु-सरिता की गहराई जानता था और उसे तैरकर पार कर जाने का धैर्य भी मुझमें था, पर क्या कहूँ, मैं प्रेम की भीड़ में धक्के खाता इसी पार रह गया, उस पार न जा सका । वे कृष्ण को राधा के बारे में भी बतलाते हैं, जो कविता के चरम बिंदु को छूता है । यथा—

हरि जू आए सो भली कीन्ही ।
मो देखत कह उठी राधिका अंक तिमिर कौं दीन्ही ।।

तन अति कंप बिरह अति ब्याकुल उर धुकधुकि अति कीन्ही ।
चरन चलत गहि कही गई गिरि स्वेद-सलिल भइ भीनी ।।
छुटी न भुज टूटी बलयाबलि फटी कंचुकी झीनी ।...

राधा को भ्रम हुआ कि उद्धव कृष्ण ही हैं और मथुरा से लौट आए हैं । उसने इसी भ्रम में अंधकार को अपने आलिंगन में बाँध लिया । जब मैं चलने लगा, तो उसने मेरे पैर पकड़ लिए । वह धरती पर गिर पड़ी, उसकी चूड़ियाँ टूट गईं, फिर भी उसने मेरे पैर नहीं छोड़े । अब वे कृष्ण से और प्रभावशाली शब्दों में कहते हैं कि—

जब राधा तबहीं मुख माधौ-माधौ रटत रहै ।
जब माधौ ह्वै जात सकल तन राधा-बिरह दहै ।।
उभै अग्र दव दारु कीट ज्यौं सीतलताहिं चहै ।...

तात्पर्य यह कि जब राधा अपने को राधा समझती है, तब उसके मुँह से 'माधव-माधव' की रट निकलती है और जब वह कृष्ण से तन्मय हो जाती है, तो उसका सारा शरीर राधा के विरह में जलने लगता है । उसकी स्थिति उस दारु-कीट की तरह है, जिसके दोनों सिरों पर आग लगी है । मिलय नामक एक अमरीकी कवयित्री ने कहा था कि मैं वह मोमबत्ती हूँ, जो दोनों तरफ से जल रही है ! उद्धव का कहना यहीं तक नहीं रुकता । वे कृष्ण को बतलाते हैं कि—

जब सँदेसौ कहन सुंदरि गवन मोतन कीन ।
छुटी छुद्रावलि चरन अरुझी गिरी बल-हीन ।।
कंठ बचन न बोलि आवै हृदय परिहस भीन ।
नैन जल भरि रोइ दीनौ ग्रसित आपद दीन ।।
उठी बहुरि सँभारि भट ज्यौं परम साहस कीन ।
सूर हरि के दरस कारन रही आसा-लीन ।।

'छुद्रावलि' 'करधनी' है और 'हृदय परिहस भीन' का मतलब यह है कि

उसका हृदय लोगों के मजाक उड़ाने से चिढ़ा हुआ है । जो उद्धव गोपियों को निर्गुण ब्रह्म का ज्ञान कराने गए थे, वे अब उनकी वकालत करने लगते हैं । वे कृष्ण से कहते हैं कि तुम फिर जाकर ब्रज के निवासी बन जाओ, क्योंकि राधा का शरीर तुम्हारे विरह में जलकर क्षार हो गया । 'सजल लोचन चुअत उनके बहति यमुना-धार ।/बिरह अगिनि प्रचंड उनकैं जरे भाथि लुहार ।।' और भी : 'कमल-उर पर धरति छिन छिन छिरकि चंदन नीर ।/जाल-मग ससि-किरन रोकति मलय मंद समीर ।।' वह अपने तप्त हृदय को शीतल करने के लिए उस पर कमल-पुष्प ही नहीं रखती है और उस पर चंदन का जल ही नहीं छिड़कती है, खिड़की से आनेवाली चाँदनी और मलय-पवन को भी उस पर पर्दा डालकर रोके रहती है ! 'जाल' यानी 'झरोखा' ।अब वे कृष्ण को यह कहते हुए दोषी करार देते हैं कि 'कहँ वह प्रीति रीति राधा की कहँ यह करनी उलटी चाल ।/सूरदास प्रभु कपट बचन तैं क्यौं जीवै बिरहिनि बेहाल ।।' उन्होंने कृष्ण के पाँव पकड़ लिए और कहा : 'होई करुनानाथ बंधू गहे ऊधौ पाइँ ।/सूर प्रभु अब दरस दै कै लेहु मरत जिवाइ ।।'

उद्धव की बातों के उत्तर में कृष्ण ने उन्हें अपने मन की बात सुनाई, जिसका ध्रुवक अति प्रसिद्ध है—

ऊधौ मोहि ब्रज बिसरत नाहीं ।
हंस-सुता की सुंदर कगरी अरु कुंजनि की छाँहीं ।।
वै सुरभी, वै बच्छ, दोहनी खरिक दुहावन जाहीं ।
ग्वाल बाल मिलि करत कुलाहल नाचत गहि-गहि बाहीं ।।
यह मथुरा कंचन की नगरी मनि-मुक्ताहल जाहीं ।
जबहिं सुरति आवति वा सुख की जिय उमगत, तन नाहीं ।।
अनगन भाँति करी बहु लीला जसुदा नंद निबाहीं ।
सूरदास प्रभु रहे मौन ह्वै यह कहि कहि पछिताहीं ।।

इसमें प्रयुक्त 'कगरी' शब्द का अर्थ है 'कगार' अर्थात् किनारा । पूर्ण सूर्य-ग्रहण के अवसर पर कुरुक्षेत्र में जो मेला लगा था, उसमें कृष्ण भी रुक्मिणी के साथ गए थे । उन्होंने पहले से गोकुल और बरसाने के लोगों को भी खबर कर दी

थी, जिससे वहाँ से भी उनके दर्शनार्थ ढेर सारे लोग आए थे । उनमें राधा भी थी । रुक्मिणी राधा को अपने शिविर में ले गईं और उसका बहुत सत्कार किया । तदुपरांत–

राधा माधव भेंट भई ।
राधा माधव माधव राधा कीट भृङ्ग गति ह्वै जु गई ।।
माधव राधा के रँग राँचे राधा माधव रंग रई ।
माधव राधा प्रीति निरंतर रसना करि सो कहि न गई ।।
बिहँसि कह्यौ हम तुम नहिं अंतर यह कहिकै उन ब्रज पठई ।
सूरदास प्रभु राधा माधव ब्रज बिहार नित नई नई ।।

कृष्ण ने राधा से कहा कि मुझमें और तुममें कोई अंतर नहीं है और तुम्हारे साथ मेरा ब्रज-विहार नित्य होता है । 'रई' शब्द का अर्थ 'रँगने' से संबद्ध है । यही बात उन्होंने गोपिकाओं से भी कही : 'तुमसौं नाहीं दूरि रहत हौं, निपटहिं नेरै ।' लेकिन कृष्ण की बातें सुनकर राधा कुछ नहीं बोली । बाद में वह अपने मन में पछताती है–

करत कछु नाहीं आजु बनी ।
हरि आए हौं रही ठगी सी जैसे चित्र धनी ।।
आसन हरषि हृदय नहिं दीन्हौ कमल कुटी अपनी ।
न्यौछावर उर अरघ न नैननि जलधारा जु बनी ।।
कंचुकि तैं कुच कलस प्रकटि ह्वै टूटि न तरक तनी ।
अब उपजी अति लाज मनहिं मन समुझत निज करनी ।।
मुख देखत न्यारी सी रहि गई बिनु बुधि मति सजनी ।
तदपि सूर मेरी यह जड़ता मंगल माहिं गनी ।।

यह आकस्मिक नहीं है कि विलक्षण पांडित्य के धनी और हिंदी में सर्जनात्मक आलोचना के पुरस्कर्ता आचार्य द्विवेदी की पहली पुस्तक सूरदास पर है । उसमें उन्होंने राधा पर किंचित् विस्तार से विचार किया है । लेख के

अंत में उन्होंने कहा है कि "भारतवर्ष के किसी कवि ने राधा का वर्णन इस पूर्णता के साथ नहीं किया । बाल-प्रेम की चंचल लीलाओं की इस प्रकार परिणति सचमुच आश्चर्यजनक है । संयोग की रस-वर्षा के समय जिस तरल प्रेम की नदी बह रही थी, वियोग की आँच से वही प्रेम सांद्रगाढ़ हो उठा । सूरदास की यह सृष्टि अद्वितीय है । विश्व साहित्य में ऐसी प्रेमिका नहीं है– नहीं है ।"

भक्ति

प्राचीन भारतीय इतिहास की विशेषज्ञ एक इतिहासकार ने मार्क्सवाद के प्रभाव में लिखा है कि "यह ठीक ही कहा गया है कि गीता में दैवीय कृपा का वर्णन 'एक उग्र एवं क्रियाशील शक्तिशाली अधिपति के कृपाभाव' के रूप में किया गया है और यह कहा गया है कि उसकी महिमा 'एक सम्राट् की महिमा' है, जिसकी कल्पना एक साधारण मनुष्य कर ही नहीं सकता। वैष्णव धर्म की प्रारंभिक विकास-अवस्थाओं में भक्त के भीतर अभिमानहीनता या विनम्रता का भाव भक्ति की धारणा का एक आवश्यक अंग था, जो शासक वर्गों की विचारधारा को प्रतिबिंबित करता प्रतीत होता है।" वे आगे कहती हैं : "जैसे-जैसे नई व्यवस्था कायम हुई और जनजातीय बंधनों पर आधारित न होकर वर्ण-व्यवस्था पर आधारित सुदृढ़ शासन सत्ताएँ स्थापित होने लगीं, वैसे-वैसे अशांति और आशंका की वह पुरानी भावना, जो जनजातीय संगठनों के छिन्न-भिन्न होने से उत्पन्न हुई थी, लुप्त होने लगी और उसके स्थान पर सुरक्षा और आशा के भाव उदित हुए। समाज के इस रूप को एक सूत्र में बाँध रखने के लिए भक्ति और निष्ठा ऐसी आवश्यक विशेषताएँ थीं, जो प्राचीन जनजातीय बंधनों का स्थान ले सकती थीं तथा राज्य के सुचारु रूप से संचालन में सहायक हो सकती थीं।" निश्चय ही साहित्य समाज से ही उत्पन्न होता है, लेकिन इन दोनों का संबंध अत्यंत जटिल है। ऐसी स्थिति में इन दोनों में सीधा संबंध जोड़ना एक प्रकार का सरलीकरण ही कहा जाएगा। अनुमान है कि उक्त इतिहासकार का जो विचार भारत के प्राचीन काल के बारे

में है, वही मध्यकाल के बारे में होगा, जिसमें वैष्णव भक्ति ने एक आंदोलन का रूप ले लिया था ।

सूरदास के भक्ति के अधिकांश सुंदर पद आधे-अधूरे रूप में जाने हुए हैं, लेकिन मैं यहाँ उन्हें पूरा-पूरा उद्धृत करना चाहूँगा, जिससे पाठक उनकी भक्ति के स्वरूप से भी परिचित हो सकें और उन पदों का आनंद भी उठा सकें । सबसे पहले यह छोटा-सा पद—

चरन कमल बंदौं हरि राइ ।
जाकी कृपा पंगु गिरि लंघै अंधे कौं सब कुछ दरसाइ ।।
बहिरौ सुनै गूँग पुनि बोलै रंक चलै सिर छत्र धराइ ।
सूरदास स्वामी करुनामय बार बार बंदौं तिहिं पाइ ।।

इस पद को कवित्व का स्पर्श प्रदान करनेवाली उक्ति है 'रंक चलै सिर छत्र धराइ' । यदि यह कहने के बदले कि कृष्ण के चरण-कमलों के प्रभाव से रंक भी सिर पर राजच्छत्र धारण करनेवाला राजा हो जाता है, सिर्फ यह कहा जाता कि रंक भी राजा हो जाता है, तो वह नितांत सपाट कथन होता । 'समय बीता जाता है' की जगह यह कहकर कि 'समय भागा जाता है' सूर ने अपने कथन को बिंबात्मक बना दिया है । अगला पद है—

अबिगत गति कछु कहत न आवै ।
ज्यों गूँगे मीठे फल कौ रस अंतरगत ही भावै ।।
परम स्वाद सबही सु निरंतर अमित तोष उपजावै ।
मन बानी कौं अगम अगोचर सो जानै जो पावै ।।
रूप रेख गुन जाति जुगति बिनु निरालंब कित धावै ।
सब बिधि अगम बिचारहिं तातैं सूर सगुन पद गावै ।।

इसमें दो बातें ध्यातव्य हैं । सूर के टीकाकारों ने 'अबिगत' शब्द का अर्थ 'अज्ञेय' बतलाया है, लेकिन भाषा-विज्ञान के जानकार प्रो. देवेंद्रनाथ शर्मा का कहना था कि इस शब्द का असली अर्थ है 'अव्यक्त' । विद्यापति में जो

'अबेकत' है ('नभ केर नखत सेहो अबेकत भेल'), वह सूर में आकर 'अबिगत' हो गया है । दूसरी बात वह है, जो अंतिम दो पंक्तियों में कही गयी है । कहा गया है कि निरवलंब मन को एक आधार प्रदान करने के लिए ही सूर सगुणमार्गी भक्त हुए ।

अब आप यह पद देखें—

रे मन छाँड़ि विषय कौ रँचिबौ ।
कत तूँ सुवा होत सेमर कौ अंतहि कपट न बचिबौ ।।
अंतर गहत कनक कामिनि कौं हाथ रहैगौ पचिबौ ।
तजि अभिमान राम कहि बौरे नातरु ज्वाला तचिबौ ।।
सतगुरु कह्यौ कहौं तोसों हौं राम रतन धन सँचिबौ ।
सूरदास प्रभु हरि सुमिरन बिनु जोगी कपि ज्यों नचिबौ ।।

इस पद की तुकबंदी भी सूर की शब्द-शक्ति की परिचायक है । कहते हैं, रे मन, विषयों की रचना छोड़ दे । तू सेमल से तृप्त होने की आशा करनेवाले तोते की तरह क्यों है ? अंत में तू कपट करके बचेगा नहीं, हृदय से तू कनक और कामिनी को पकड़े है, अतः हताशा ही हाथ लगेगी । ऐ पगले, अभिमान छोड़कर राम का नाम ले, नहीं तो नरक की ज्वाला में जलना पड़ेगा । राम-रत्न रूपी धन का संचय कर । उसके स्मरण के बिना तू योगी कपि के समान नाचता रहेगा । 'अंतर गहत कनक कामिनि कौं' यह उक्ति तो ललित है ही, अंतिम पंक्ति में सूर जिस रूप में योगियों की चर्चा करते हैं, उससे पता चलता है कि वे आरंभ से ही योग-मार्ग के विरोधी थे । इस विरोध का कारण सामाजिक था, जिसका संकेत निवेदन में ही किया जा चुका है । नीचे उनका एक दीर्घ पद दिया जा रहा है, जो उनकी कवित्व-क्षमता का प्रमाण है—

यहई मन आनंद अवधि सब ।
निरखि सरूप विवेक नयन भरि या सुख तैं नहिं और कछू अब ।।
चित चकोर गति करि अतिसय रति तजि स्रम सघन विषय लोभा ।
चिंति चरन मृदु चारु चंद नख चलत चिह्न चहुँ दिसि सोभा ।।

जानु सुजघन करभ कर आकृति कटि प्रदेस किंकिनि राजै ।
ह्रद बिध नाभि उदर त्रिबली बर अवलोकत भव भय भाजै ।।
उरग इंद्र उनमान सुभग भुज पानि पदुम आयुध राजैं ।
कनक बलय मुद्रिका मोदप्रद सदा सुभग संतन काजैं ।।
उर बनमाल विचित्र विमोहन भृगु भँवरी भ्रम कौं नासै ।
तड़ित बसन घन स्याम सदृश तन तेज पुंज तम कौं त्रासै ।।
परम रुचिर मनि कंठ किरनि गन कुंडल मुकुट प्रभा न्यारी ।
बिधु मुख मृदु मुसुक्यानि अमृत सम सकल लोक लोचन प्यारी ।।
सत्य सील संपन्न सुमूरति सुर नर मुनि भक्तनि भावै ।
अंग अंग प्रति छबि तरंग गति सूरदास क्यौं कहि आवै ।।

कृष्ण का रूप–वर्णन है । 'अंग अंग प्रति छबि तरंग गति' का माधुर्य पूरे पद से छलकता है । 'चलत चिह्न' का अर्थ है कि उनके चलने से पृथ्वी पर ध्वज, वज्र, यव, अंकुश तथा कमल के चिह्न बन जाते हैं । 'करभ' हाथी के बच्चे को कहते हैं । 'ह्रद' वस्तुतः 'ह्रद' है, यानी कृष्ण की नाभि गड्ढे के समान गहरी है । 'उरग इंद्र उनमान' अर्थात् शेषनाग के समान । 'भँवरी' रोमावलियाँ हैं ।

उक्त दीर्घ पद के बाद यह लघु पद–

गाइ लेहु मेरे गोपालहिं ।
नातरु काल ब्याल लेत है छाँड़ि देहु तुम सब जंजालहिं ।।
अंजलि के जल ज्यों तन छीजत खोटे कपट तिलक अरु मालहिं ।
कनक कामिनी सौं मन बाँध्यौ ह्वै गज चल्यौ स्वान की चालहिं ।।
सकल सुखनि के दानि आनि उर दृढ़ बिस्वास भजौ नँदलालहिं ।
सूरदास जो संतनि कौं हित कृपावंत मेटत दुख जालहिं ।।

इस पद का सौंदर्य 'अंजलि के जल ज्यों तन छीजत' और स्वर्ण और सुंदरी से मन को बाँधने के कारण है । 'ह्वै गज चल्यौ स्वान की चालहिं' एक तरफ मनुष्य की दुर्बलता को सूचित करता है और दूसरी तरफ उसके भीतर निहित

शक्ति की ओर संकेत । भक्ति में उचित ही वैराग्य पर जोर था । इससे संबंधित सूर का निम्नलिखित पद मन में वैराग्य-भावना जगाने और भगवान् की ओर उन्मुख करने की प्रचुर क्षमता रखता है—

जा दिन मन पंछी उड़ि जैहै ।
ता दिन तेरे तन तरुवर के सबै पात झरि जैहैं ।।
या देही कौ गरब न करियै स्यार काग गिध खैहैं ।
तीननि मैं तन कृमि कै बिष्टा कै ह्वै खाक उड़ैहै ।।
कहँ वह नीर कहाँ वह सोभा कहँ रँग रूप दिखैहै ।
जिन लोगनि सौं नेह करत है तेई देखि घिनैहैं ।।
घर के कहत सबारे काढ़ौ भूत होइ धरि खैहैं ।
जिन पुत्रनिहिं बहुत प्रतिपाल्यौ देवी देव मनैहैं ।।
तेई ले खोपरी बाँस दै सीस फोरि बिखरैहैं ।
अजहूँ मूढ़ करौ सतसंगति संतनि मैं कछु पैहै ।।
नर बपु धारि नाहिं जन हरि कौं जम की मार सो खैहै ।
सूरदास भगवंत भजन बिनु बृथा सु जनम गँवैहै ।।

इसमें 'नीर' और 'सबार' शब्द आए हैं, जिनका अर्थ क्रमशः 'चमक' और 'शीघ्र' है । खोपड़ी पर बाँस से मारकर सिर को फोड़कर बिखेर देने से मतलब दाह-कर्म के समय कपाल-क्रिया करने से है । भक्त चित्त की सरलता से निकला हुआ यह सरल पद भी द्रष्टव्य है :

हमारे निर्धन के धन राम ।
चोर न लेत घटत नहिं कबहूँ आवत गाढ़ैं काम ।।
जल नहिं बूड़त अगिनि न दाहत है ऐसो हरि नाम ।
बैकुँठनाथ सकल सुख दाता सूरदास सुख धाम ।।

अब जो पद उद्धृत किया जा रहा है, वह 'पद पदुम' की अनेकशः आवृत्ति से उल्लेखनीय हो गया है । वह पद इस तरह है—

बंदौं चरन सरोज तिहारे ।
सुंदर स्याम कमल दल लोचन ललित त्रिभंगी प्रान पियारे ।।
जे पद पदुम सदा सिव के धन सिंधु सुता उर तैं नहिं टारे ।
जे पद पदुम तात रिस त्रासत मन बच क्रम प्रहलाद सँभारे ।।
जे पद पदुम परस जल पावन सुरसरि दरस कटत अघ भारे ।
जे पद पदुम परस रिषि पतिनी बलि नृग ब्याध पतित बहु तारे ।।
जे पद पदुम रमत बृंदाबन अहि सिर धरि अगनित रिपु मारे ।
जे पद पदुम परसि ब्रज भामिनि सरबस दै सुत सदन बिसारे ।।
जे पद पदुम रमत पांडव दल दूत भए सब काज सँवारे ।
सूरदास तेई पद पंकज त्रिबिध ताप दुख हरन हमारे ।।

आवृत्ति कभी-कभी बल देने के लिए आवश्यक हो जाती है । यहाँ भी उसी कारण इसका सहारा लिया गया है, जिससे यह पद के सौंदर्य को नष्ट नहीं करती, बल्कि उसे सशक्त ही बनाती है । आधुनिक कवियों में दिनकर के काव्य 'कुरुक्षेत्र' में ही नहीं, पूर्ववर्ती अनेक स्फुट कविताओं में भी इस आवृत्ति से कई बार काम लिया गया है । यह उनके कथन को नया जोर देता है । पुनः एक ऐसा पद नीचे दिया जा रहा है, जिसका तुक-विधान चमत्कारी है । यह पद किसी हद तक मार्मिक भी है, जिसका प्रमाण इसका ध्रुवक और इसकी अंतिम पंक्ति है । पद है–

हृदय की कबहुँ न जरनि घटी ।
बिनु गोपाल बिथा या तन की कैसैं जाति कटी ।।
अपनी रुचि जित ही जित ऐंचति इंद्रिय कर्म गटी ।
हौं तित हीं उठि चलत कपट लगि बाँधे नैन पटी ।।
झूठौ मन झूठी सब काया झूठी आरभटी ।
अरु झूठनि के बदन निहारत मारत फिरत लटी ।।
दिन दिन हीन छीन भइ काया दुख जंजाल जटी ।
चिंता कीन्हैं भूख भुलानी नींद फिरति उचटी ।।
मगन भयौ माया रस लंपट समुझत नाहिं हटी ।
ताकैं मूँड़ चढ़ी नाचति है मीचति नीच नटी ।।

खैंचत स्वाद स्वान पातर ज्यौं चातक रटत ठटी ।
सूर सुजल सींचियै कृपानिधि निज जन जरनि मिटी ।।

मुझे इस पद का ध्रुवक पढ़कर 'गोदान' में होरी द्वारा गाए जानेवाले इस व्यथापूर्ण गीत की याद आई– 'हिया जरत रहत दिन-रैन ।' इस पद में 'ऐंचति' का अर्थ हैं खींचती, 'गटी' का अर्थ 'गाँठ' या 'गठरी', 'आरभटी' का 'साहस', 'लटी' का 'डींग', 'पातर' का 'पत्तल' और 'ठटी' का 'एकचित्त' ।

अब आप उन दोनों पदों को पूरा देखें, जिन्हें सूर ने महाप्रभु वल्लभाचार्य के कहने पर उन्हें सुनाया था और जिन्हें सुनकर ही उन्होंने उन्हें दैन्य-भाव छोड़कर भगवत्-लीला का वर्णन करने को कहा था । वे दोनों पद क्रमशः ये हैं–

1. प्रभु हौं सब पतितनि कौ टीकौ ।
और पतित सब दिवस चारि कै हौं तौ जनमत ही कौ ।।
बधिक अजामिल गनिका तारी और पूतना ही कौं ।
मोहिं छाँड़ि तुम और उधारे मिटै सूल क्यौं जी कौं ।।
कोउ न समरथ अघ करिबे कौ खैंचि कहत हौं लीकौं ।
मरियत लाज सूर पतितनि मैं मोहूँ तैं को नीको ।।

2. हरि हौं सब पतितनि को नायक ।
को करि सकै बराबरि मेरी और नहीं कोउ लायक ।।
जो प्रभु अजामील कौं दीन्हौ सो पाटौ लिखि पाऊँ ।
तौ बिस्वास होइ मन मेरैं औरौ पतित बुलाऊँ ।।
बचन बाहँ लै चलौं गाँठि दै पाऊँ सुख अति भारी ।
यह मारग चौगुनौ चलाऊँ तौ पूरौ ब्यौपारी ।।
यह सुनि जहाँ जहाँ तैं सिमिटैं आइ होइ इक ठौर ।
अब कैं तौ आपुन लै आयौ बेर बहुर की और ।।
होड़ा होड़ी मनहिं भावते किए पाप भरि पेट ।
ते सब पतित पाय तर डारौ यहै हमारी भेंट ।।

बहुत भरोसो जानि तुम्हारौ अघ कीन्हे भरि भाँड़ौ ।
लीजै बेगि निबेरि तुरतहीं सूर पतित कौ टाँड़ौ ।।

पहले पद में 'पतितनि मैं मोहूँ तैं को नीकौं' का अर्थ है कि 'पतितों में मुझसे अधिक पतित कौन है ?' इससे पहलेवाली पंक्ति में भी सूर ने यही कहा है : 'मैं यह लकीर खींचकर कहता हूँ कि मुझसे अधिक पाप करने में कोई समर्थ नहीं है ।' दूसरे पद में छठी पंक्ति में कवि ने कहा है कि 'आपकी इतनी बड़ाई करूँ कि ग्राहकों में चौगुनी वृद्धि हो जाए । तभी आप मुझे पक्का व्यापारी मानिए । आठवीं पंक्ति का यह अर्थ है कि 'इस बार तो मैं अकेला ही आया हूँ, परंतु फिर बहुतों को लेकर आऊँगा ।' 'टाँड़' शब्द का अर्थ यहाँ 'समूह' है ।

अपनी 'तुलसीदास' नामक पुस्तक में मैंने सूर के निम्नलिखित पद में जो दैन्य-भाव का प्रदर्शन किया है और जिसे भक्ति में कार्पण्य कहा जाता है, उसे परंपरा-पालन का उदाहरण बतलाया था । लेकिन इस बार जब मैंने ध्यानपूर्वक इस पद को पढ़ा, तो मुझे इसमें सूर की आत्माभिव्यक्ति मालूम पड़ी । उन-जैसा महान् कवि न सांप्रदायिक हो सकता है और न मात्र परंपरा-पालन के लिए कुछ लिख सकता है । इसमें भी सच्चाई की तपिश है, जिसे हर संवेदनशील पाठक महसूस करेगा । उनके संबंध में भी किंवदंती है कि वे भी अपनी युवावस्था में काम-पीड़ित थे । देखिए, इस पद में वे क्या कहते हैं—

मो सम कौन कुटिल खल कामी ।
तुम सौं कहा छिपी करुनामय सबके अंतरजामी ।।
जो तन दियौ ताहि बिसरायौ ऐसौ नोन हरामी ।
भरि भरि द्रोह विषै कौं धावत जैसें सूकर ग्रामी ।।
सुनि सतसंग होत जिय आलस बिषयिनि सँग बिसरामी ।
श्रीहरि चरन छौंड़ि बिमुखनि की निसि दिन करत गुलामी ।।
पापी परम धरम अपराधी सब पतितनि मैं नामी ।
सूरदास प्रभु अधम उधारन सुनिऐ श्रीपति स्वामी ।।

यह पद अपनी सरलता में भी बेजोड़ है । 'हरामी' शब्द पुनः अरबी के 'हराम' शब्द से बना हुआ विशेषण है । 'ग्रामी' का अर्थ है 'गाँव का' । 'गुलाम' शब्द भी अरबी का ही है और 'गुलामी' उसी की संज्ञा है । आगे मैं एक ऐसा पद उद्धृत कर रहा हूँ, जिसमें प्रायः शुरू से अंत तक बड़े ही स्वाभाविक रूप में नृत्य के रूपक का प्रयोग हुआ है । यह रूपक इतना सशक्त है कि यह पद झंकृत हो उठा है । 'महामोह के नूपुर बाजत निंदा सबद रसाल' से इसका अनुमान लगाया जा सकता है । 'चोलना' शब्द का अर्थ है 'वस्त्र' और 'भोयौ' का 'भ्रमित' । ताज्जुब नहीं कि यह पद संगीतकारों के बीच बहुत लोकप्रिय है और वे शास्त्रीय राग में इसे अत्यंत प्रभावशाली ढंग से गाते हैं । अमृतलाल नागर ने इसके ध्रुवक के अंश से ही अपने एक लोकप्रिय उपन्यास का नामाकरण किया है । पद है :

अब मैं नाच्यौ बहुत गुपाल ।
काम क्रोध कौ पहिरि चोलना कंठ विषय की माल ।।
महामोह के नूपुर बाजत निंदा सबद रसाल ।
भ्रम भोयौ मन भयौ पखावज चलत असंगत चाल ।।
तृष्ना नाद करति घट भीतर नाना बिधि दै ताल ।
माया को कटि फेंटा बाँध्यौ लोभ तिलक दियौ भाल ।।
कोटिक कला काछि दिखराई जल थल सुधि नहिं काल ।
सूरदास की सबै अबिद्या दूरि करौ नँदलाल ।।

आप निम्नलिखित पद भी देखें, जिसकी दूसरी पंक्ति कहावत बन चुकी है और इलाचंद्र जोशी के सर्वश्रेष्ठ उपन्यास 'जहाज का पंछी' का नाम इसी से लिया गया है । अंतिम पंक्ति में 'छेरी' शब्द आया है, जिसका अर्थ है 'बकरी' । पद :

मेरो मन अनत कहाँ सुख पावै ।
जैसें उड़ि जहाज कौ पच्छी फिरि जहाज पर आवै ।।
कमल नैन कौं छाँड़ि महातम और देव कौं ध्यावै ।
परम गंग कौं छाँड़ि पियासौ दुरमति कूप खनावै ।।

जिहिं मधुकर अंबुज रस चाख्यौ क्यों करील फल खावै ।
सूरदास प्रभु कामधेनु तजि छेरी कौन दुहावै ।।

यह पद हर्षातिरेक में रचा गया है :

हमैं नँदनंदन मोल लिए ।
जम के फंद काटि मुकराए अभय अजाद किए ।।
भाल तिलक स्रवननि तुलसीदल मेटे अंक बिए ।
मूँड़्यौ मूँड कंठ बनमाला मुद्रा चक्र दिए ।।
सब कोउ कहत गुलाम स्याम कौ सुनत सिरात हिए ।
सूरदास कौं और बड़ौ सुख जूठन खाइ जिए ।।

इसमें प्रयुक्त 'मुकराए' शब्द 'मुकरना' से बना हुआ है और 'बिए' शब्द का अर्थ है 'द्वैत' । 'मूँड़्यौ मूँड' यह इसलिए है कि कृष्ण ने उन्हें अपने मार्ग में दीक्षित करने के लिए उनका सिर मुड़ा दिया । 'सिरात' का मतलब है 'जुड़ात' । निम्नलिखित पद भी संगीतकारों में बहुत लोकप्रिय है । इसके साथ मेरी एक स्मृति जुड़ी हुई है । आज से दो-तीन दशक पूर्व एक युवा कवयित्री ने अपने युवा प्रेमी के प्रति, जो उसके किसी व्यवहार से रुष्ट था, एक कविता लिखी थी, इस पद के छंद में ही, और उसके दूसरे बंद में इस पद की तीसरी और चौथी पंक्तियाँ यथावत् डाल दी थीं । उसकी दीनता से मैं आहत होकर रह गया था और सूर के पदों की मार्मिकता नए ढंग से मुझ पर प्रकट हो गई थी । वह पद इस तरह है—

हमारे प्रभु औगुन चित न धरौ ।
समदरसी है नाम तुम्हारौ सोई पार करौ ।।
इक लोहा पूजा मैं राखत इक घर बधिक परौ ।
सो दुबिधा पारस नहिं जानत कंचन करत खरौ ।।
इक नदिया इक नार कहावत मैलौ नीर भरौ ।
जब मिलि गए तब एक बरन ह्वै गंगा नाम परौ ।।

तन माया ज्यौं ब्रह्म कहावत सूर सु मिलि बिगरौ ।
कै इनकौ निरधार कीजिऐ कै प्रन जात टरौ ।।

'पार करौ' से मतलब 'निर्वाह करने' से है । अंतिम पंक्तियों का अर्थ यह है कि माया को ब्रह्म की शक्ति कहा जाता है, पर उससे मिलकर यह कवि बिगड़ गया है । 'निरधार करने' का तात्पर्य है ब्रह्म को माया से 'पृथक् करना' । यदि आप ऐसा नहीं करेंगे, तो आपका प्रण टला जाता है ।

यह पाँच–छः दशक पूर्व की घटना है । मैंने हाजीपुर के एक आयोजन में महान् संगीतकार डी.वी. पलुस्कर के कंठ से प्रत्यक्षतः निम्नलिखित पद का शास्त्रीय गायन सुना था । उन्होंने इतने उदात्त स्वर में और इतनी विदग्धता से इसकी अदायगी की थी कि मैं अभी तक उसके प्रभाव में हूँ । इस पद का संदर्भ महाभारत के कुरुक्षेत्र–युद्ध से जुड़ा हुआ है, जिसमें भीष्म ने यह प्रतिज्ञा करके कि आज मैं कृष्ण को शस्त्र उठाने के लिए विवश करके रहूँगा, भीषण युद्ध आरंभ किया । इसकी आरंभिक दो पंक्तियाँ तभी से मेरी स्मृति में सुरक्षित हैं, जिन्हें मैं कभी–कभी मन ही मन दुहराकर अपने में ओजस्विता का संचार करता हूँ । कृष्ण ने प्रण किया था कि युद्ध में सिर्फ अर्जुन के सारथी का काम करेंगे, कभी भी शस्त्र नहीं उठाएँगे । भीष्म को उनके इसी प्रण को तोड़ना था । वे कहते हैं—

आजु जौ हरिहिं न सस्त्र गहाऊँ ।
तौ लाजौं गंगा जननी कौं सांतनुसुत न कहाऊँ ।।
स्यंदन खंडि महारथि खंडौं कपिध्वज सहित गिराऊँ ।
पांडव दल सन्मुख ह्वै धाऊँ सरिता रुधिर बहाऊँ ।।
इती न करौं सपथ तौ हरि की छत्रिय गतिहिं न पाऊँ ।
सूरदास रनभूमि बिजय बिनु जियत न पीठि दिखाऊँ ।।

उनके अकल्पनीय संग्राम को देखकर कृष्ण घबड़ा गए । उन्हें लगा कि युद्ध का फैसला आज ही हो जाएगा और उसमें पांडव मुँह की खाएँगे । लिहाजा वे प्रचंड क्रोध से भरकर रथ से उतरे और सुदर्शन चक्र लेकर भीष्म को मारने के

लिए दौड़े । उस समय सूरकृत कृष्ण का यह रूप दर्शनीय है :

गोविंद कोपि चक्र कर लीन्हौ ।
छाँड़ि आपनौ प्रन जादवपति जन कौ भायो कीन्हौ ।।
रथ तैं उतरि अवनि आतुर ह्वै चले चरन अति धाए ।
मनु संचित भूभार उतारन चपल भए अकुलाए ।।
कछुक अंग तैं उड़त पीतपट उन्नत बाहु बिसाल ।
स्रवत सोनकन तन सोभा छबि घन बरसत मनु लाल ।।
सूर सु भुजा समेत सुदरसन देखि बिरंचि भ्रम्यौ ।
मानौ आन सृष्टि करिबै कौ अंबुज नाभि जम्यौ ।।

इस पद का भक्ति से क्या संबंध है, यह कवि ने इसकी दूसरी पंक्ति में बतलाया है कि उन्होंने अपने भक्त का मनचाहा कार्य करने के लिए अपने प्रण को भी छोड़ दिया । पाँचवीं और छठी पंक्तियाँ तो लाजवाब हैं । उनके कुछ अंगों से लिपटा हुआ पीतांबर उड़ रहा है और उनके शरीर से गिरते हुए शोणित-कण वैसे लग रहे हैं, जैसे छवि के बादल लालों की वर्षा कर रहे हों । कृष्ण के शरीर पर जो खून के छींटे पड़ रहे हैं, वे भीष्म द्वारा किए जा रहे रक्तपात से उड़े हैं । उनके हाथ में सुदर्शन चक्र देखकर ब्रह्मा भी भ्रमित हो गए, मानो दूसरी सृष्टि रचने के लिए उनकी नाभि से कमल उग आया हो । बकौल दिनकर 'दल पर विधि को लिए जलधि में नाभि-कमल उग आया' । क्या संयोग है कि दिनकर का पहला खंडकाव्य 'प्रणभंग', 'जयद्रथ- वध' से प्रेरित होकर, हरिगीतिका छंद में ही, इसी घटना को लेकर लिखा गया है । इसकी तत्संबंधी पंक्तियाँ अवलोकनीय हैं—

दुर्धर्ष रण गांगेय का पूर्णेंदु-सम लेखा गया ।
श्रीकृष्ण-क्षोभ-समुद्र जिससे क्षुब्ध-सा देखा गया ।
तज अश्व-डोरी वे चले रथ-चक्र लेकर हाथ में ।
पर जा रहा कोई न था रिपु और उनके साथ में ।
टूटे हुए रथ-चक्र में यम-दंड की-सी कांति थी ।
वह सारथि था या कि विद्युत्-राशि की विभ्रांति थी ।

अंगार-सा वह वेश 'मोहन' का महा विकराल था ।
छवि का खजाना लूटकर रण में खड़ा क्या काल था ?
थी चक्षुओं की ज्योति से खर अग्नि-धारा छूटती ।
थी रोष में प्रत्यंग से ज्वाला-सदृश कुछ फूटती ।
वह सृष्टि-नाशक सूर्य-सा करने चला संहार था ।
कँपने लगा उस काल उसके रोष से संसार था ।।

सूर और दिनकर के कथन में एक फर्क है कि सूर के अनुसार कृष्ण जहाँ सुदर्शन चक्र लेकर दौड़ते हैं, वहाँ दिनकर के अनुसार टूटा हुआ रथ-चक्र लेकर । कृष्ण की शोभा पर भीष्म भी मुग्ध थे । कहते हैं-

वा पट पीत की फहरानि ।
कर धरि चक्र चरन की धावनि नहिं बिसरति वह बानि ।।
रथ तैं उतरि अवनि आतुर ह्वै कच रज की लपटानि ।
मानौ सिंह सैल तैं निकस्यौ महा मत्त गज जानि ।।
जिन गोपाल मेरौ प्रन राख्यौ मेटि बेद की कानि ।
सोई सूर सहाइ हमारे निकट भए हैं आनि ।।

इसमें 'बानि' 'बाना' है और 'कानि' 'मर्यादा' । आगे की बात यह है कि 'भीषम धरि हरि कौ उर ध्यान ।/हरि के देखत तजे परान ।।' यह है कृष्ण की महिमा, जिनके भक्त सूर थे । दिनकर के शब्दों में-

गांगेय ने धनु-बाण तज कर भक्त की मुद्रा गही ।
कर जोड़कर भगवान से यह भक्तिमय वाणी कही ।
"मत लौटिए, रथचक्र से ही वार मुझ पर कीजिए ।
अब आप अपने बीच मुझको लीन होने दीजिए ।"

उपर्युक्त पदों के बाद सूर की वृद्धावस्था से संबंधित यह पद-

अब मैं जानी देह बुढ़ानी ।
सीस पाउँ कर कह्यौ न मानत तन की दसा सिरानी ।।

आन कहत आनै कहि आवत नैन नाक बहै पानी ।
मिटि गइ चमक दमक अँग अँग की मति अरु दृष्टि हिरानी ।।
नाहिं रही कछु सुधि तन मन की भई जु बात बिरानी ।
नारी गारी बिन नहिं बोलै पूत करै कलकानी ।।
घर मैं आदर कादर को सौं खीझत रैन बिहानी ।
सूरदास अब होत बिगूचनि भजि लै सारँगपानी ।।

यह पद इस बात का ठोस प्रमाण है कि सूर अंत-अंत तक भक्ति अथवा विनय के पद रचते रहे । दूसरे, इससे यह भी पता चलता है कि उन्होंने गृहस्थ-जीवन कभी छोड़ा नहीं था और श्रीनाथजी के मंदिर की कीर्त्तन-सेवा से जब उन्हें मुक्त कर दिया गया, तो वे अपने घर चले गए । इस पद में वे कहते हैं कि शरीर ठंढा पड़ता जा रहा है और कहना कुछ और चाहता हूँ और कह कुछ और जाता हूँ । सारी बातें परायी हो गई हैं । पत्नी गाली के बिना कोई बात नहीं बोलती और बेटा झगड़ा करता है । घर में कायर की तरह आदर होता है, जिस कारण खीझ में रात बीत जाती है । 'बिगूचनि' का अर्थ है 'बेइज्जती' । अब ये दो पद—

1. छाँड़ि मन हरि बिमुखनि कौ संग ।
जिनकै संग कुमति उपजति है परत भजन मैं भंग ।।
कहा होत पय पान कराऐं विष नहिं तजत भुजंग ।
कागहिं कहा कपूर चुगाऐं स्वान न्हवाऐं गंग ।।
खर कौं कहा अरगजा लेपन मरकट भूषण अंग ।
गज कौं कहा सरित अन्हवाऐं बहुरि धरै वह ढंग ।।
पाहन पतित बान नहिं बेधत रीतौ करत निषंग ।
सूरदास खल कारी कामरि चढ़त न दूजौ रंग ।।

2. रे मन मूरख जनम गँवायौ ।
करि अभिमान विषय रस गीध्यौ स्याम सरन नहिं आयौ ।।
यह संसार सुवा सेमर ज्यौं सुंदर देखि लुभायौ ।
चाखन लाग्यौ रुई गई उड़ि हाथ कछू नहिं आयौ ।।

कहा होत अबकैं पछिताऐं पहले पाप कमायौ ।
कहत सूर भगवंत भजन बिनु सिर धुनि धुनि पछितायौ ।।

पहले पद में 'अरगजा' का अर्थ है 'चन्दनादि' । उसके आगे की दो पंक्तियों में कहा गया है कि हाथी को नदी में स्नान कराने से क्या होगा ? वह अपनी सूँड़ से धूल उठा-उठाकर अपने शरीर पर फेंककर फिर उसे गंदा कर लेगा । पत्थर को भी बाण से नहीं बेधा जा सकता, भले आप तरकश खाली कर दें । जो लोग कुसंगति में पड़कर बिगड़ गए हैं, वे उस काले कंबल के समान हैं, जिस पर दूसरा रंग नहीं चढ़ सकता । दूसरे पद में 'गीध्यौ' का अर्थ है 'गिद्ध के समान लग गया है' । तोते और सेमल के फल का प्रसंग पहले भी एक पद में आ चुका है ।

अंत में सूर का वह पद उद्धृत किया जा रहा है, जो उन्होंने बाद में महाप्रभु को सुनाया था और जिसे सुनकर वे बहुत प्रसन्न हुए थे । वह पद है—

चकई री चलि चरन सरोवर जहाँ न प्रेम बियोग ।
जहँ भ्रम निसा होति नहिं कबहूँ सोइ सायर सुख जोग ।।
जहाँ सनक सिव हंस मीन मुनि नख रवि प्रभा प्रकास ।
प्रफुलित कमल निमिष नहिं ससि डर गुंजत निगम सुबास ।।
जिहिं सर सुभग मुक्ति मुक्ताफल सुकृत अमृत रस पीजै ।
सो सर छाँड़ि कुबुद्धि बिहंगम इहाँ कहा रहि कीजै ।।
लछ्मी सहित होति नित क्रीड़ा सोभित सूरजदास ।
अब न सुहात विषय रस छीलर वा समुद्र की आस ।।

इसमें दूसरी पंक्ति में जो 'सायर' शब्द आया है, वह 'सागर' है और अंतिम पंक्ति में जो 'छीलर' शब्द आया है, वह 'छिछली तलैया' है । यह पद भी कवित्व से भरपूर है । इसे पढ़कर भी मुझे दिनकर की ही याद आई । गृह-कलह से बहुत आहत होकर, आत्मदया से ग्रस्त, उन्होंने अपने को ढाढ़स बँधाते हुए एक गीत लिखा, जिसकी पहले बंद की अंतिम दो पंक्तियाँ सूर के इस पद की आरंभिक दो पंक्तियों के भाव से मेल रखती हैं । उक्त गीत का

पहला बंद है—

सब शोकों का एक नाम है क्षमा,
हृदय अकुल मत होना ।

दहक उठे जो अंगारे बन नए, कुसुम–कोमल सपने थे ।
अंतर में जो गाँस मारकर गए, अधिक सबसे अपने थे ।
अब चल उसके द्वार सहज जिसकी करुणा है ।
और कहाँ, किसका आँसू कब थमा ?
हृदय आकुल मत होना ।

कहने की आवश्यकता नहीं कि सूर के भक्ति के पद भी प्रचुर सुंदर और मनोहारी हैं । जिस मनोयोग से उन्होंने वात्सल्य और प्रेम के पद रचे हैं, वैसी ही तन्मयता से भक्ति के पद । तुलसी के पदों में जहाँ औदात्त्य और क्लासिकी गांभीर्य है, वहाँ सूर के पदों में एक लालित्य और मर्मवेधक स्वच्छंदता ।